AF856735

Guerra, Marcela Susana
La tecnología y la educación personalizada : teoría y práctica - 1a ed. - Buenos Aires: Alfaomega Grupo Editor Argentino, 2013.
156 p. ; 21x14 cm.

ISBN 978-987-1609-39-0

1. Informática. Enseñanza. I. Título
CDD 005.3

Queda prohibida la reproducción total o parcial de esta obra, su tratamiento informático y/o la transmisión por cualquier otra forma o medio sin autorización escrita de Alfaomega Grupo Editor Argentino S.A.

Edición: Damián Fernández
Corrección: Adriana Scaglione
Diseño de tapa: Iris Biaggini

Internet: http://www.alfaomega.com.mx

Todos los derechos reservados © 2013, por Alfaomega Grupo Editor Argentino S.A.
Paraguay 1307, PB, oficina 11
Queda hecho el depósito que prevé la ley 11.723

NOTA IMPORTANTE: La información contenida en esta obra tiene un fin exclusivamente didáctico y, por lo tanto, no está previsto su aprovechamiento a nivel profesional o industrial. Las indicaciones técnicas y programas incluidos han sido elaborados con gran cuidado por el autor y reproducidos bajo estrictas normas de control. Alfaomega Grupo Editor Argentino S.A. no será jurídicamente responsable por: errores u omisiones; daños y perjuicios que se pudieran atribuir al uso de la información comprendida en este libro, ni por la utilización indebida que pudiera dársele.

Los nombres comerciales que aparecen en este libro son marcas registradas de sus propietarios y se mencionan únicamente con fines didácticos, por lo que Alfaomega Grupo Editor Argentino S.A. no asume ninguna responsabilidad por el uso que se dé a esta información, ya que no infringe ningún derecho de registro de marca. Los datos de los ejemplos y pantallas son ficticios, a no ser que se especifique lo contrario.

Los hipervínculos a los que se hacen referencia no son necesariamente administrados por la editorial, por lo que no somos responsables de sus contenidos o de su disponibilidad en línea.

Empresas del grupo:

México: Alfaomega Grupo Editor, S.A. de C.V. – Pitágoras 1139, Col. Del Valle, México, D.F. – C.P. 03100.
Tel.: (52-55) 5575-5022 – Fax: (52-55) 5575-2420 / 2490. Sin costo: 01-800-020-4396
E-mail: atencionalcliente@alfaomega.com.mx

Colombia: Alfaomega Colombiana S.A. – Calle 62 No. 20-46, Barrio San Luis, Bogotá, Colombia,
Tels.: (57-1) 746 0102 / 210 0415 – E-mail: cliente@al faomega.com.co

Chile: Alfaomega Grupo Editor, S.A. – Av. Providencia 1443. Oficina 24, Santiago, Chile
Tel.: (56-2) 2235-4248 – Fax: (56-2) 2235-5786 – E-mail: agechile@alfaomega.cl

Argentina: Alfaomega Grupo Editor Argentino, S.A. – Paraguay 1307 P.B. Of. 11, C.P. 1057, Buenos Aires, Argentina,
Tel./Fax: (54-11) 4811-0887 y 4811 7183 – E-mail: ventas@alfaomegaeditor.com.ar

A mi esposo e hijas con amor
Marcela Susana Guerra

Agradezco a:

Mis profesores que colaboraron en fundamentar mi práctica y discurso didáctico.
Directivos y profesores de las instituciones participantes en los proyectos educativos que con empeño y dedicación apoyaron el mismo.
Alumnos que colaboraron con entusiasmo y trabajo permitiéndome recoger sus impresiones para instrumentar las investigaciones que en este libro se observan.

Mensaje del editor

Los conocimientos son esenciales en el desempeño profesional, sin ellos es imposible lograr las habilidades para competir laboralmente. La universidad o las instituciones de formación para el trabajo ofrecen la oportunidad de adquirir conocimientos que serán aprovechados más adelante en beneficio propio y de la sociedad; el avance de la ciencia y de la técnica hace necesario actualizar continuamente esos conocimientos. Cuando se toma la decisión de embarcarse en una vida profesional, se adquiere un compromiso de por vida: mantenerse al día en los conocimientos del área u oficio que se ha decidido desempeñar.

Alfaomega tiene por misión ofrecerles a estudiantes y profesionales conocimientos actualizados dentro de lineamientos pedagógicos que faciliten su utilización y permitan desarrollar las competencias requeridas por una profesión determinada. Alfaomega espera ser su compañera profesional en este viaje de por vida por el mundo del conocimiento.

Alfaomega hace uso de los medios impresos tradicionales en combinación con las tecnologías de la información y las comunicaciones (IT) para facilitar el aprendizaje. Libros como éste tienen su complemento en una página Web, en donde el alumno y su profesor encontrarán materiales adicionales.

Los libros de Alfaomega están diseñados para ser utilizados dentro de los procesos de enseñanza-aprendizaje, y pueden ser usados como textos para diversos cursos o como apoyo para reforzar el desarrollo profesional.

Alfaomega espera contribuir así a la formación y el desarrollo de profesionales exitosos para beneficio de la sociedad.

Acerca de la autora

Marcela Susana Guerra es profesora y Licenciada en Organización y Gestión Educativa. Se especializa en el diseño de planes de capacitación para la implementación de proyectos de integración de las nuevas tecnologías de la información y las comunicaciones en instituciones educativas. Ha coordinado y desarrollado sistemas de seguimiento y evaluación de docentes y alumnos. Además, escribió manuales de capacitación docente y de proyectos para la enseñanza de informática en nivel inicial. Posee amplia experiencia en la implementación de programas de formación profesional en empresas.

Si desea escribirle puede hacerlo a marcelag@futurekids.com.ar, para saber más sobre ella puede visitar www.futurekids.com.ar.

Contenido

Capítulo 6

Propuestas y Prácticas educativas en un entorno digital

Capítulo 7

Experiencias Pedagógicas

Introducción

Estos capítulos fueron escritos para que el lector comprenda los principios que sustentan la enseñanza personalizada y encaren una forma renovadora en la utilización de las nuevas tecnologías de la información y de la comunicación dentro del currículo escolar.

Hoy en día, es una pieza clave la capacitación del cuerpo directivo y docente inserto en un contexto socio-cultural particularmente complejo. Además, el estado actual de las teorías, investigaciones y aplicaciones de las nuevas herramientas tecnológicas debe reflejarse en los programas de estudios.

A lo largo del libro, me ha guiado siempre la pregunta ¿Podemos con el uso de las nuevas tecnologías de la información y de la comunicación educar en forma personalizada? La investigación surge a partir de los objetivos específicos que se enuncian a continuación:

- Caracterizar a la generación Net.
- Fundamentar la concepción de educación personalizada y vincularlo con las nuevas tecnologías de la información y de la comunicación.
- Describir qué tipos de recursos tecnológicos pueden utilizarse para transmitir contenidos actitudinales.
- Analizar cómo pueden promoverse contenidos actitudinales en el ámbito del aula con la utilización de las nuevas tecnologías de la información y de la comunicación.

Ante nosotros se abre todo un mundo de posibilidades para implementar las nuevas tecnologías de la información y de la comunicación en la escuela con el propósito de mejorar el proceso enseñanza-aprendizaje. Este trabajo intenta resolver cómo integrar tres conceptos clave, tecnología, educación personalizada, y valores en el diseño curricular para lograr una educación integral. El marco teórico junto con el trabajo de campo permitió la elaboración de las conclusiones finales.

Finalmente, cada capítulo se divide en temas que están relacionados entre sí y ordenados de forma correlativa, los que a continuación se describen:

Capítulo 1: La era de los intangibles

Este capítulo intenta reflexionar y exponer cómo las posibilidades técnicas que brindan las nuevas tecnologías, y los medios de comunicación, en su amplitud y universalidad, están modificando sustancialmente la sociedad.

Analizaremos causas y consecuencias de esta era llamada "de los intangibles".

Sabemos que estamos inmersos en una situación de cambio, cursando una revolución tecnológica. Toda revolución trae como consecuencia una crisis en el plano cultural y social que trasciende la generación emergente y golpea a la educación. Si lo analizamos desde un punto de vista positivo, las crisis pueden colaborar para que se produzca un cambio de paradigma capaz de extraer lo mejor del hombre para su propio bien y el de la sociedad.

Capítulo 2: La personalización educativa

El presente capítulo se ocupa del hombre, ser inacabado, dotado de inteligencia y voluntad, principios de la acción educadora. Por lo tanto, ésta debe volcarse a desarrollar las notas del ser humano.

Acordamos con la pedagogía personalizada del especialista Víctor García Hoz cuando recomienda tener en cuenta los tres aspectos del ser humano: singularidad, autonomía, y apertura.

La familia y la escuela juegan un rol fundamental en la vida de ese niño que se convertirá en un adulto. El idioma del amor es universal y beneficioso para desarrollar hábitos perfectivos en términos de valores. Éstos propiciarán una buena relación con los demás y ayudarán al niño a redescubrirse interiormente.

Capítulo 3: La educación integral en tiempos de cambio

Este ser inacabado pero a su vez perfectible nace en una sociedad en crisis, generada por la aparición de nuevas tecnologías y medios de comunicación, provocando un choque generacional a gran escala.

Ahora bien, para impartir una educación integral a este nuevo ser inmerso en la cultura de las nuevas tecnologías de la información y de la comunicación, investiguemos cómo es el lenguaje que utiliza, cuáles son sus gustos, cómo interactúa con sus pares. En resumidas cuentas, exploremos la cultura popular de los niños y jóvenes de esta época. Intentaremos en este capítulo dar respuestas a estas inquietudes o despertar otras nuevas en el transitar de esta investigación.

Capítulo 4: La escuela: una organización que aprende

La escuela, una organización con el fin de educar, tiene que estar a la altura de las circunstancias. Por eso, en este capítulo, estudiamos cómo tiene que ser la gestión de una organización en un contexto de cambio. ¿Cómo tiene que ser la mentalidad de los líderes de la institución para llevar adelante un proyecto educativo tan actualizado como sea posible, y con un enfoque tan sistémico como sea posible? Se tratarán las características esenciales de un docente para poder llevar a cabo proyectos interdisciplinarios con el uso de las nuevas tecnología.

La creatividad es un tema importante a considerar en el ámbito escolar porque llega a todas las áreas significativas de la vida del individuo: la comunicación, el lenguaje, las relaciones y la convivencia con los demás, la libre expresión, la exploración del mundo y el enriquecimiento de la sensibilidad del ser humano.

Capítulo 5: La formación en una sociedad de comunicación

Este capítulo parte de la definición de comunicación como el proceso dinámico en el cual las personas tratan de transmitir significado.

Dentro de este proceso, la comunicación se ve interrumpida por el ruido semántico. Con los métodos tradicionales es más complejo lograr una disminución de estos ruidos, por eso veremos las causas de las distorsiones, las posibles soluciones para disminuir este ruido semántico y la tecnología como instrumento factible para lograr transferir la nueva información a los conocimientos previos.

Se define a la "educación en medios" como la acción facilitadora hacia el conocimiento, las destrezas y actitudes necesarias para la lectura de los textos en forma personal y crítica. A partir de esta definición se desarrolla una cantidad de presupuestos que el educador tiene que observar para llegar al objetivo planteado anteriormente.

Como último tema a tratar, la mala praxis del lenguaje que hacen los jóvenes cuando se comunican a través de los diferentes soportes.

Capítulo 6: Propuestas y prácticas docentes en un entorno digital

Este capítulo, abarca tres aspectos de la alfabetización digital. El primero analiza el desarrollo de destrezas en relación con el caudal de información; el segundo, con los valores como objeto material de la ética dentro de la alfabetización digital; y el tercero, cómo planificar con organizadores gráficos basándonos en la teoría de las inteligencias múltiples de Howard Gardner.

Capítulo 7: Experiencia pedagógica

El último capítulo reseña nuestra experiencia pedagógica en cinco momentos: la descripción del proyecto pedagógico, objetivos, instituciones en donde fue realizada nuestra experiencia, la concreción de los principios y pautas pedagógicas, la voz de los alumnos y docentes recogidos a través de las encuestas realizadas.

Finalmente, en las conclusiones, pretendemos poner en relación nuestras observaciones en el campo con las pautas teóricas centrales de nuestro marco de referencia.

Marcela Susana Guerra

LA ERA DE LOS INTANGIBLES

1

Saltos de escala en la comunicación

¿Qué es lo que produjo esta eclosión de cambios para que se hable de la era de los intangibles?

Comencemos por analizar las diferencias que existe en la era capitalista-industrial con lo que llamaremos nueva era. En la primera, lo importante era cómo conjugar la dirección, el capital y el trabajo. La segunda, en la que ya estamos inmersos, corresponde al cómo se utilice el conjunto del conocimiento, las tecnologías y las personas. Otra vez las comunicaciones tienen que ver con este salto de escala.

Repasemos la historia, cómo las nuevas herramientas comunicacionales impactaron en el hacer cotidiano, y por ende en los avances de la humanidad. Como consecuencia de esto surge la revolución agrícola, que propicia los asentamientos estables y mejora las condiciones para la comunicación y el desarrollo cultural.

La vida urbana favoreció la aparición de la escritura, el desarrollo de las religiones, la construcción de imperios y el florecimiento de la manufactura y el comercio. La revolución industrial posibilitó la comunicación a través de nuevos recursos como el ferrocarril, la electricidad, el telégrafo, el teléfono, la motorización de comunicación en masa. Así se fue potenciando la interacción social, el tráfico económico hasta lo que hemos dado en llamar el mundo desarrollado.

La realidad está cambiando hacia direcciones impensadas, los cambios económicos, políticos y tecnológicos se están acelerando a gran escala.

Ante esta situación tendríamos que preguntarnos cuál es la naturaleza de los cambios y cuáles pueden ser las consecuencias en un futuro.

Efectos y consecuencias de los saltos de escala en la comunicación

Establezcamos las causales que arrastran a una crisis en semejante etapa de transición.

- La cohabitación entre dos culturas.
- Las nuevas formas de actividad ocasionan la obsolescencia de las formas preexistentes.
- El enfrentamiento también en el mercado. Los nuevos productos y servicios compiten con ventaja respecto de las anteriores formas.
- Las transformaciones de recursos humanos y financieros producen caos y temor, angustia, ambigüedad.

Las formas de comunicación son cada vez más potentes y aparecen a gran velocidad; por lo tanto, los ciclos de los saltos de escala en la comunicación se acortan y los cambios se aceleran.

Las crisis anteriores se producían en ámbitos geográficos limitados; en cambio, en la actualidad, se dan en el plano global. Este fenómeno está condicionado por la interdependencia entre regiones, cada vez mayor.

Las sociedades desarrolladas han evolucionado a velocidades muy distintas con respecto al resto de las poblaciones, en el curso de estas últimas décadas. Esta diferencia es medible por los niveles económicos, culturales y tecnológicos.

El pedagogo Vicente Oltra Climent demuestra ser un gran futurólogo, en su libro *Competitividad y Ética*. En la actualidad, podemos vivir los cambios que anunciaba hace poco más de una década atrás. En la cumbre del G20 (2009) en Inglaterra, sus miembros trataron conflictos que hoy vive el planeta y que el autor los veía como posibles e inminentes. Avizoraba un cambio profundo en las formas de actividad económica, el surgimiento de un marco cultural radicalmente distinto y un salto cualitativo en la historia de la humanidad.

El salto cualitativo consiste en la aparición de nuevas maneras de vivir, nuevas formas de conocimiento, nuevos valores, nuevas formas de organización. "Esta nueva era nos traerá los Intangibles, los recursos que requieren el uso del intelecto y de la capacidad para reunir, analizar, transmitir y sintetizar la información" (Oltra Climent, 1995: 234).

Luego de leer este párrafo tan acertado y acorde con la época en que vivimos, donde la información es tan abundante y corre a tanta velocidad, necesitamos contar con nuevas habilidades para desempeñarnos en la vida cotidiana.

Como educadores no podemos dejar pasar lo que acontece, y por tal motivo sería útil preguntarnos: ¿Qué podemos hacer por esta generación? Capacitarnos para construir "una escuela que aprende" que se adecue a la demanda de la generación Net, y a los nuevos paradigmas que surgen de vivir en la cultura de los intangibles. La competitividad hoy en día se mide según cantidad de activos intangibles y de recursos tecnológicos.

¿Cuáles son las problemáticas que debemos enfrentar a la hora de encarar un proyecto educativo en un mundo con dichas características?

- Educar en un mundo globalizado es todo un desafío. Las fronteras cada vez más se desdibujan y su amplitud es inmensurable. La interacción entre las personas puede ser muy valiosa y enriquecedora, pero a la vez puede ser peligrosa para resguardar nuestras raíces culturales. La familia junto con la escuela necesitan tomar cartas en el asunto para garantizarnos la preservación de valores humanos como la responsabilidad, la honestidad y el respeto entre otros.

- La desigualdad de oportunidades para insertarse en esta era de los intangibles.
- Las políticas de gobierno junto con el poder privado y las organizaciones escolares deben impulsar la posibilidad de acercar a los sectores sin suficientes recursos económicos las nuevas tecnologías, así como las oportunidades de capacitación permanente.

Choque generacional. Necesitamos formar líderes capaces de ver el futuro que se nos avecina, precursores en doctrinas y modelos para formar gente que esté a la vanguardia, y así reducir la brecha generacional que se está dando hoy en día.

Procesamiento de la información. Gracias a medios de comunicación como Internet, podemos tener la noticia al instante, enterarnos de los últimos adelantos científicos, los últimos conflictos bélicos, los resultados de una elección. La historia del mundo cambia minuto a minuto, y de esto nos nutrimos al instante.

En el pasado, las noticias llegaban con atraso y el hombre tenía tiempo de repensar y asimilar las consecuencias que esa noticia traía implícita. Ahora, el impacto es mucho mayor porque tenemos las noticias al instante, la posibilidad de estar actualizados permanentemente, y el beneficio de transmitirla también inmediatamente a través de Internet.

El caudal de información para procesar cada vez es mayor y cualquiera se puede convertir en un escritor de noticias, en lo que hoy llamamos blogs. Abundan los sitios Web de redes sociales: Facebook, Twitter. Lo menos beneficioso de esto es que muchas veces lo que se informa no es correcto, y a veces, hasta es inmoral. Esto nos hace pensar en la responsabilidad que tienen los padres y miembros de la escuela para que estos medios se conviertan en un vehículo de comunicación sustentado en valores éticos y morales.

Una revolución tecnológica que deriva en crisis

La palabra crisis deriva del griego cuya significación originaria principal 'es separar', y secundariamente 'juzgar' (sobre todo en sentido negativo), 'condenar', elegir, entre otros significados. Crisis, pues, quiere principalmente decir dos cosas: separación y juicio (recuérdese juicio condenatorio). Podríamos citar como ejemplo a la crisis de una enfermedad, en su momento más agudo, cuando más se aleja de la salud (idea de separación), y donde se juega (cual un juicio o una elección del destino) la vida o la muerte. Por eso, generalmente, por crisis no se entiende cualquier forma de mal o peligro, sino su forma especialmente aguda, que amenaza destruir la naturaleza o el sujeto en el que infiere (es decir aquello que está en crisis).

Existe un firmamento de valores que cumplen la función de guía, de puntos de referencia, y de fines respecto de la vida humana, tanto individual como social. Estos valores constituyen el principio del orden humano, pero por el libre albedrío defectible, le es posible al hombre desordenarse. En el plano natural, parece haberse perdido el paradigma de la virtud humana, del ideal de hombre y de persona que sirve de fundamento inmediato a la norma de vida.

Cuando esto ocurre la vida humana, en todos sus planos, se desordena, se aleja de su vocación, del bien común, y por lo tanto se encamina a su propia frustración, deviene la crisis.

La crisis aparece como un desenraizamiento de los vínculos que los hombres tienen en el plano familiar, su región, su comunidad profesional o económica, su cultura o civilización.

> "Como en las crisis de la polis griega de los siglos V y IV (a.C.), se ha perdido el conocimiento y la adhesión común a la areté total del hombre (la kalokagathia).Las respuestas subjetivistas, formalistas, hedonistas, utilitaristas, vitalistas o existencialistas se basan en una Ética que ha perdido el conocimiento y el amor del fin último de la vida, la comprensión de la naturaleza humana y sus tendencias perfectivas; y con ello ha perdido la guía segura de la norma moral. Esto nos ha conducido a un

> relativismo moral lo cual ha producido una crisis de obediencia que hace necesario, el recurso constante a la amenaza de la fuerza, como sustituto de la propia conciencia moral". (Lamas, 1985: 23)

La crisis alcanzó el plano social y político con el desmembramiento de la identidad familiar, las luchas partidarias, las tensiones entre capital y trabajo, y entre distintas generaciones, la discordia entre relaciones internacionales.

En la introducción, se citaron las distintas revoluciones tecnológicas que marcaron épocas en la vida de la humanidad. Estas revoluciones se han generado a partir de la ruptura de las formas o estructuras fundamentales de un sistema social, cultural político, religioso. Actualmente, nos encontramos ante una revolución a la que podríamos denominar "revolución de la información", pues adopta como elemento básico el desarrollo de las tecnologías de la información.

Puede establecerse una relación entre revolución y crisis por cuanto se entiende a la crisis como ruptura de los vínculos reales de la vida humana.

Hay cambios que desestabilizan emocionalmente al ser humano, que lo transforman en un ser inseguro a la hora de enfrentarse con situaciones nuevas, pues está viviendo un proceso de adaptación a la cultura que se avecina o mejor dicho que ya está instalada. El choque generacional puede ser un punto importante a tener en cuenta como detonante de una crisis, sin dejar de reconocer que existe un cambio en el comportamiento social y esto afecta al ámbito educativo. Este es el ámbito que investigamos en este libro, el impacto de las nuevas tecnologías de la información y de la comunicación en la escuela, y cómo integrarlas dentro de un proyecto escolar con características que respondan a la teoría de la enseñanza personalizada.

La generación nueva se impone, porque es nativa de la cultura emergente, por lo tanto no necesita tiempo de reacomodamiento para adaptarse y familiarizarse con lo nuevo y novedoso.

La escuela se halla en crisis

"La sociedad se halla en crisis; la Escuela participa de ella como objeto y sujeto, causa y efecto; pero el problema no es de hoy, ni se ha gestado abruptamente. Reconoce pasos, graduaciones y matices que lo hacen inteligible, y en su conjunto puede decirse que constituye un proceso revolucionario paralelo y análogo al ocurrido en otras áreas de la vida humana" (Caponeto, 1981: 23).

Aristóteles escribió que la educación debe afirmar la importancia central del ejemplo moral. Para que los niños se tomen la moralidad en serio, deben estar en presencia de adultos que se tomen la moralidad en serio.

Es interesante considerar el alfabetismo moral como un rasgo atemporal y espacial. El papel de la madre es fundamental en la tarea de transmitir valores, dado que la unión entre ambos comienza y se entabla desde el vientre y luego en la primera infancia. Con los años, el niño podrá trasladar esos consejos a situaciones nuevas y cada vez más complejas. Por eso se dice que la madre es la primera gran educadora. Luego se sumará a esta tarea la escuela, promotora de ambientes propicios para que se cultiven los valores.

Reforzar los vínculos con esta generación en crisis, y participar activamente de la revolución gestada con las armas del amor y los valores, inculcando hábitos que nos permitan atacar el individualismo con el cooperación, el pesimismo con el optimismo, la desinformación con la información y reflexión, el desaliento con los nuevos desafíos y el desvalor con el valor, una enseñanza despersonalizada con una personalizada.

"El bien particular se ordena al bien común como a su fin, pues el ser de la parte es para el ser del todo; por eso, el bien de la nación es más divino que el bien de un solo hombre" (Santo Tomás de Aquino, *Suma contra los gentiles*, III, 11).

LA PERSONALIZACIÓN EDUCATIVA

2

El ser inacabado como principio de la acción educadora

Indaguemos sobre aquellos elementos que justifiquen la educación y nos daremos cuenta que el hombre es un ser inacabado o que no nace en la plenitud de su ser y posibilidades.

Santo Tomás de Aquino dice: "La vida puede considerarse en acto primero y en acto segundo." En acto primo es el ser mismo substancial del viviente; en acto segundo es la operación que brota de aquel ser" (citado por Nosengo, 1978:134). La vida es, por lo tanto, el viviente y también la operación del viviente.

> "El germen, finalmente, por su vital fuerza interior y por el estímulo recibido del exterior, se pone en actividad, asimila la realidad que ha estimulado o acrecentado su apetito, y así crece y se desarrolla. El germen espiritual: el lumen mental del alma humana creada por Dios en cada concepción humana" (Nosengo, 1978: 133).

Este germen está dotado también de vitalidad, de movimiento propio y espontáneo, de un apetito racional y afectivo que se forma de manera paralela al desarrollo físico, y que es perfectible.

Lo que distingue al hombre del animal es su logos, es decir, su inteligencia con la cual capta la esencia de las cosas, ese quererlas para aprehenderlas es la voluntad. Esto implica realizar actos de una cierta manera, no determinados por la naturaleza o el instinto como en los animales; de hecho, puede ir en contra de éstos. La voluntad origina obras y acciones voluntarias y libres.

Aristóteles dijo una frase que sintetiza todo lo expresado anteriormente: "yo tengo el principio, y de la que soy dueño."

¿La acción educativa pude influir en ese ser inacabado? y ¿Cómo? Reflexionemos según la filosofía realista que nos dice que la voluntad tiene una inclinación natural para apetecer el bien mostrado por la inteligencia, solo accidentalmente quiere el mal, porque el entendimiento puede haber captado por error algo como bien.

Por esta razón, es importante la consideración de una adecuada aprehensión de la inteligencia sobre la realidad, porque a ella sigue necesariamente el querer. Es importante desde el punto de vista educativo desarrollar capacidades reflexivas en las personas, y la necesidad de aquietar la voluntad en su deseo para una mejor orientación a la verdad de las cosas. De manera tal de obrar bien aprehendiendo intelectualmente como verdad y ser.

Tanto el querer bien como la felicidad son elementos a los que tiende la voluntad humana. En el obrar cotidiano se ejercita ésta a través del uso de la libertad, en la elección de los bienes singulares y de los caminos que pueden llevar a la persona a la conquista de la felicidad.

Luego de estas reflexiones estamos en condiciones de afirmar que hay en el hombre una necesidad de ser educado, porque hay dimensiones de la naturaleza humana objeto de educación.

Las dimensiones que la educación tendría que desarrollar en la persona humana son las siguientes:

- Dimensión de la sensibilidad y de lo corporal.
- Dimensión intelectual.
- Dimensión volitiva-afectiva.
- Dimensión de la libertad.
- Dimensión social.

- Dimensión cultural.
- Dimensión religiosa.

Todas estas dimensiones se encuentran íntimamente relacionadas con el fin de la educación, el cual surge de la naturaleza humana, y de su necesidad de desarrollo y realización.

Partiendo de esta base se entiende a la educación como un proceso de humanización que surge a partir de exigencias y necesidades propias de la naturaleza humana susceptibles de desarrollarse y alcanzar grados de plenitud.

Este proceso de humanización del hombre se llevaría a cabo fundamentalmente a través de hábitos buenos o virtudes que afectan las facultadas específicas y mediatamente a la persona. El hombre requiere del auxilio externo (padres-escuela) para desarrollar ese germen vital.

Víctor García Hoz, propulsor de la enseñanza personalizada, nos habla del propósito de la educación y lo que significa en la acción educativa, colaborando con la naturaleza del hombre, ser educable y perfectible. Podemos señalar como fin de la educación personalizada: "la capacidad de un sujeto para formular y realizar su proyecto personal de vida" (García Hoz, 1981a: 170).

Educación personalizada según la noción de persona

En este trabajo, se procura utilizar la palabra educación según el profesor italiano Guesualdo Nosengo: "... en el sentido de actividad -acción educadora intencional- desarrollada por un hombre en servicio de otro hombre, para educarlo" (Nosengo, 1978: 23).

De esta expresión se rescata el concepto de servicio, (estar al servicio de otro) que nos lleva a pensar en la educación como un valor cargado de responsabilidad, con una cuota importante de humildad y un profundo amor por lo que hacemos. Estas connotaciones son necesarias cuando la acción está dirigida al hombre como una realidad, no solo corporal como se presenta a nuestra experiencia sensible, sino como una realidad inmaterial que es superior a ésta. Es necesario también bucear en nuestro interior y desechar aquellos rasgos de soberbia para entregarnos a los demás en un acto de amor basándonos en la caridad.

Víctor García Hoz a través de sus escritos nos ayuda a redescubrir a la educación como un perfeccionamiento intencional de las facultades específicas humanas. Esta mirada nos ayuda a comprender lo que denominamos educación integral, desde la concepción antropológica del cristianismo, donde se tiene la idea de que la educación ha de atender el desarrollo armónico de la personalidad.

Para desarrollar una acción perfectiva en el otro, necesitaremos conocer y tener en cuenta las notas que caracterizan la naturaleza del hombre. Este hombre dotado de cuerpo y espíritu se percibe fácilmente en toda manifestación humana, ya que siempre para actuar, el alma necesita del cuerpo y éste de su principio vivificador. De aquí se desprende que la educación deba encararse como un desarrollo perfectivo del todo.

De la nota espiritualidad de este todo unitario se derivan:

- Su capacidad de conocer.
- Su capacidad de autoconciencia, de mirar su interioridad, de conocerse a sí mismo y lo que puede llegar a ser.
- Su capacidad de descubrir los valores de las cosas.
- Su capacidad de ser libre, educar y perfeccionar su libertad.
- Su capacidad de responder por sus actos, su responsabilidad.
- Su capacidad de darse cuenta si son buenos o malos dichos actos, según respondan o no a una regla objetiva de conducta (moralidad).
- Su historicidad, es decir su dependencia de las generaciones que lo preceden y su compromiso de mejorar el legado o el patrimonio recibido.

- Su capacidad de comunicación con los otros hombres, con el mundo y con Dios.

Estas notas son comunes a todos los hombres, pero en cada uno se podrán desarrollar en mayor o menor medida de acuerdo con múltiples factores, ya sean exógenos o endógenos.

Teniendo en cuenta los fines del hombre y de la educación, podremos hablar de fines universales, fines particulares de la educación para esta civilización, para este país, hasta llegar a un educando concreto e irrepetible. Esto nos lleva a reflexionar sobre las connotaciones propias que lo hacen singular e irrepetible. Cada uno posee un propio proceso de maduración y plenitud, en tanto personas con cualidades diferentes.

Recordemos una vez más a Víctor García Hoz: "La educación personalizada se apoya en la consideración del ser humano como persona y no simplemente como un organismo que reacciona ante estímulos del medio, sino, principalmente como un ser escudriñador y activo que explora y cambia el mundo que lo rodea" (García Hoz, 1981a: 23).

Las orientaciones fundamentales de esta corriente, según este autor, comprenden tres aspectos: la singularidad, la autonomía y la apertura.

Conocer la modalidad de trabajo de cada uno de los alumnos implica realizar un esfuerzo adicional con respecto a la enseñanza colectiva, para distinguir en la singularidad de cada alumno, su capacidad creativa; en su autonomía, cómo educar su libertad; y en su apertura hacia los demás, su capacidad de relacionarse.

Por lo tanto, concluimos diciendo que la educación personalizada tiene como fin facilitar que un sujeto aprenda a conocer su potencial y se guíe a sí mismo para desarrollar su propio proyecto personal de vida.

Relacionemos los aspectos destacados correspondientes a una enseñanza personalizada, y la relación que hay con los valores por inculcar.

El rol de la familia y la escuela para favorecer una educación integral basada en el amor

En el presente trabajo se propone redescubrir al docente en su función educadora, cumpliendo un papel clave en la formación de las futuras generaciones.

Para introducirnos en el tema, es importante identificar a las instituciones que están dedicadas a la educación de nuestros niños y jóvenes.

Como dice Guesualdo Nosengo: "La relación educativa que nace, en su forma original y más natural, en la familia entre los padres y el hijo, es ante todo una relación de amor, de amor donado gratuitamente y expresado en obras inspiradas en la generosidad y sostenida por el sacrificio" (Nosengo, 1978: 138).

El amor entre los miembros de la familia es un amor incondicional que se acrecienta con el paso del tiempo, es desinteresado, es donado y cuando se lo experimenta se siente un bálsamo de paz que otorga seguridad. La otra institución es la escuela como centro de desarrollo del conocimiento y de valores para formar personas educadas.

La relación maestro-alumno, aunque no idéntica a la de padres e hijos, es la continuación de la educación en la casa.

La complejidad del mundo actual exige que reflexionemos acerca de la crisis que viven estas dos grandes instituciones y cómo los padres y docentes deberían convertirse en *donadores de amor*.

Recordemos que educar, es la acción intencional desarrollada por un hombre en *servicio* de otro hombre para educarlo. Rescatemos de esta expresión el concepto de servicio, (estar al servicio de otro) pues nos hace reflexionar sobre la tarea del educador como poseedor de una gran responsabilidad, entrega con humildad, y un profundo amor. Estas aptitudes deben brotar desde lo más profundo de su esencia docente teniendo en cuenta que la acción está dirigida al hombre como una realidad, no solo corporal como se presenta a nuestra experiencia sensible, sino como una realidad inmaterial que es superior a ésta.

La educación está en crisis justamente porque muchos docentes han perdido la vocación de servicio.

La persona, vive y se realiza libremente, esto la hace dueña de sus actos; y por consiguiente, de su vida y su destino. El educador tendrá que tener en cuenta la libertad que poseen sus alumnos y respetarla. Aunque también surge la necesidad de ayudarlos, porque muchas veces están inmersos en su mundo interior, empobreciendo su capacidad creativa y sus posibilidades de crecimiento.

Los padres y docentes otorgan una libertad progresiva, que se va ejerciendo en dosis, conforme con el grado madurativo alcanzado con el paso de los años. "Esto les confiere cierta autoridad, que viene de la palabra 'augere'= aumentar pero no puede 'augere' a otro quien no posee mucho más que el otro. Por ello, la autoridad educativa debe estar mucho más avanzada en ciencia y en virtud que su discípulo" (Nosengo, 1978: 147).

Este acto liberador debe llevarse a cabo dentro de los parámetros de respeto y compromiso. Solo observando esta regla se resuelve positivamente el problema de la relación entre autoridad y libertad.

Debemos evitar dejar a la deriva a los alumnos por no darles puntos de referencias claras o sumirnos en un cansancio que los lleva a "dejarlos hacer", creyendo que eso es educar dentro de un marco de libertad.

> "Esto implica que educar es enseñar no solo conocimientos teóricos, sino sobre todo modelos y valores que guíen el conocimiento práctico y la acción, y ayuden a adquirir convicciones e ideales, logrando una educación en los valores y en las virtudes. Educar es entonces cumplir la función perfectiva de la autoridad: comunicar la excelencia" (Yepes Stork, 2006: 256).

Poseer un mundo interior le permite al hombre desarrollar su capacidad creativa, otorgándole la posibilidad de crecer. Regalando lo mejor de nosotros, con amor, podremos vivir en plenitud y así contribuir a mejorar la sociedad. Esto no es imposible, ya que una de las características del hombre es la **capacidad de dar**. Ese darse al otro es placentero y nos llena de felicidad en tanto sea una entrega dotada de humildad y servicio sin esperar nada a cambio (donar). Podremos convertirnos en padres donadores de amor, hijos donadores de amor, esposa y esposo donadores de amor, y ¿por qué no? **educadores donadores de amor.**

Recordemos a los grandes educadores de la historia cuyo bien más preciado fue el amor. A través de la puesta en práctica de diferentes pedagogías, y llevando una vida coherente respecto de sus ideales, lograron tocar el corazón de sus discípulos para convertir su accionar en buenas obras.

En la acción educadora podríamos decir que el amor despierta y mueve también la inteligencia. La afectividad se puede expresar a través de las obras y el lenguaje. Según Santo Tomás de Aquino:

> "El maestro debe ser el suscitador del aprendizaje. El maestro no causa en el discípulo el lumen intelectual, ni tampoco produce directamente las especies inteligibles, sino que mediante su enseñanza mueve al discípulo para que él mismo por la fuerza de su intelecto, forme los conceptos inteligibles, cuyos signos (=palabras) le propone exteriormente" (Nosengo, 1978:133).

Las palabras del maestro son expresiones exteriores de su ciencia interior, que pueden llegar a una realidad profunda (intimidad) del alumno y ser un medio para estimularlo. Las palabras tienen una fuerza mayor que ningún otro signo.

El lenguaje es algo que tenemos en común los seres humanos, por el cual podemos expresarnos, comunicarnos, y así entablar relaciones interpersonales que posibilitan nuestro desarrollo personal. Es una herramienta que nos permite relacionarnos y compartir con otro la intimidad personal.

> "Compartir es señal de presencia del espíritu. Una sociedad ocupada solo en repartir no tiene vida en común: es un engendro burocrático que no crea más riqueza de la que tiene materialmente. En cambio, compartir espiritualiza la sociedad, la hace más humana, pues del convivir surge la riqueza de la novedad que es cada persona" (Yepes Stork, 2006: 256).

Traslademos estos conceptos al ámbito del aula, y tratemos de imaginar a un docente proponiendo actividades colaborativas, y acentuando el quehacer conjunto con la práctica de actitudes virtuosas. Los alumnos necesitan de estas experiencias para que valoren lo enriquecedor de este intercambio. Es un bien que puede ser adquirido a través del ejercicio, en tanto el docente lo tenga incorporado en su vida y en su plan educativo. Seguramente con el correr del tiempo, estas experiencias podrían ser trasladadas y adaptadas a la realidad de su vida diaria con su familia, amigos, fuera del ámbito escolar. De esta manera, los alumnos estarían desarrollando hábitos positivos que hacen al buen funcionamiento del grupo, como la oportunidad de redescubrirse interiormente y de descubrir al otro, en términos de valores.

La forma más intensa de compartir entre las personas es el **amor**. ¡Intentemos dejar una huella en la vida de nuestros alumnos!

Encontramos en el *Martín Fierro*, palabras que ponen de manifiesto lo que se ha querido expresar hasta ahora:

> "Hay hombres que de su ciencia
>
> tienen la cabeza llena;
>
> hay sabios de todas menas
>
> más digo sin ser muy ducho
>
> es mejor que el aprender mucho
>
> el aprender cosas buenas".

Hasta aquí el amor, síntesis de la felicidad...

LA EDUCACIÓN INTEGRAL EN TIEMPOS DE CAMBIO

3

Cómo interactuar, compartir y entender a la generación Net

Recordemos el credo del aprendizaje activo de Mel Silberman, que es,ni más ni menos, una recreación de lo que Confusio dijo hace 2400 años, adaptada a los tiempos que corren:

> "Lo que escucho, lo olvido. Lo que escucho y veo, lo recuerdo un poco. Lo que escucho, veo y pregunto o converso con otra persona, comienzo a comprenderlo. Lo que escucho, veo, converso y hago, me permite adquirir conocimiento y aptitudes. Lo que enseño a otro lo domino" (Silberman, 1998: 15-16).

En este sentido agrega:

> "El aprendizaje mejora si se pide a los alumnos que hagan lo siguiente: expresar la información con sus propias palabras; dar ejemplo de ella; reconocerla en diversas apariencias y circunstancias; ver sus conexiones con otros hechos o ideas; hacer uso de ella de diversas maneras; anticipar algunas de sus consecuencias; enunciar su opuesto o inverso".

Cómo hacer para adaptarnos a esta forma tan peculiar de interactuar en este mundo digital por cuanto directa o indirectamente compiten con la forma de interacción entre docente-alumno dentro del contexto del aula. Estos medios se convierten en una competencia difícil de sobrellevar si no deponemos una actitud pasiva en pos del desarrollo integral del alumno.

En la actualidad, los cambios se dan a gran velocidad y con mayor intensidad; por lo tanto, es necesario desarrollar nuevas habilidades para adaptarnos rápidamente. Botkin, Elmandjra y Maltza (1979) distinguen entre el aprendizaje de mantenimiento, sosteniendo que éste ha sido suficiente en el pasado, pero no lo será en el futuro, y el aprendizaje innovador que sería el requerido para una supervivencia a largo plazo.

Según Javier Martínez Aldanoldo (2007):

> "El perfil de los alumnos ha cambiado radicalmente (por primera vez en la historia, hay áreas en que los alumnos saben más que los docentes). Simplificándolo, hay dos aspectos en los que son muy diferentes a todos los alumnos de generaciones anteriores:
>
> a) Quieren participar y no solo escuchar pasivamente lo que otra persona les dice. Mientras vivimos en la era de You Tube, en el aula hay poco dialogo y demasiado monólogo.
>
> b) Quieren recibir servicios a la carta y personalizados según sus intereses y necesidades propios de cada uno".

Estas generaciones van a cambiar el modo de trabajar, ya que se movilizarán mucho más por la acción de la seducción y motivación que por la obediencia. Hay que tener en cuenta sus intereses, su forma de interactuar con la realidad, sus ideales y poner énfasis en lo que quieren aprender.

El mundo de hoy requiere alumnos formados para el uso de estrategias cognitivas y metacognitivas.

Integrar las nuevas tecnologías de la información y de la comunicación en el aula es usar las herramientas que nos ofrecen las computadoras y la información que nos brinda Internet en las actividades diarias de la clase, a fin de cumplir con los objetivos de enriquecer el currículum, y a fin también de favorecer y enriquecer la comprensión y el aprendizaje de nuestros alumnos.

Las nuevas tecnologías de la información y de la comunicación brindan nuevas herramientas que ayudan a los alumnos a profundizar su comprensión, hacer visibles conceptos abstractos, organizar información obtenida y favorecer el trabajo colaborativo. Posibilitan una gama más amplia de estrategias que la de usar la Web simplemente como fuente de información.

A partir de las siguientes propuestas: la Caza del Tesoro, las WebQuests, los Weblogs, Podcast y Wikis, el docente podrá poner en práctica estrategias (cognitivas, metacognitivas) pedagógicas y didácticas utilizadas y probadas correspondientes a los grandes creadores de las teorías y métodos para aprender a pensar. De esta manera, podremos enriquecer y potenciar el aprendizaje y la enseñanza mediante la integración del uso de Internet en la escuela.

Consumos y prácticas culturales de los jóvenes

"Aquellos adolescentes que tienen 18 años son la primera generación que ha conocido desde su infancia un universo increíblemente mediático y diversificado dado esto por el uso de la radio, canales de TV, videojuegos, videocaseteras, DVD, IPED, MP3, Internet" (Morduchowicz, 2008: 27).

No existen los medios nuevos o viejos para esta generación, eso no tiene ningún sentido. El manejo de estas herramientas les proporcionan un ambiente regido por la inmediatez, dinámico, de fragmentación, un mundo mosaico, de continua estimulación, y donde todo es simultáneo.

El *zapping* manifiesta un comportamiento inquieto, donde predomina la búsqueda de la inmediatez. Esto forma parte de la cultura juvenil, que en muchos casos, escapa al control de los padres. Los niños y jóvenes se contrastan y se comparan con los mayores. Logran negociar con ellos y a la vez los enfrentan; manifiestan una mayor autonomía al desenvolverse en su vida.

Esta generación cuenta con una cantidad considerable de propuestas en relación a diversos medios. La televisión y la radio poseen una programación acorde con sus intereses, y a estas alternativas se suman la gran variedad de videojuegos e Internet, con sitios orientados a ellos.

La investigación de la Dra. en Comunicación por la Universidad de París, Roxana Morduchowicz, nos permitirá conocer cómo los jóvenes de nuestro país piensan, cómo se ven a sí mismos, cómo se definen, y cuáles son sus gustos.

Investigación con el fin de explorar el papel de la cultura popular en la vida de los niños y los jóvenes de 11 a 17 años

Para comprender esta generación es indispensable conocer cómo los jóvenes se definen a sí mismos, y esto lo hacen a partir de su relación con la cultura popular. Cultura popular que definimos como aquella que construyen los medios de comunicación, la música, el cine, y otras expresiones. Esto les permite a los jóvenes identificarse y tener en común una época, un lugar de pertenencia.

El libro de Roxana Morduchowicz, titulado *La generación multimedia,* nos permitirá explorar el papel de la cultura popular en la vida de los jóvenes. A partir de esta investigación conoceremos cómo acceden a los medios de comunicación y con qué frecuencia. Podremos conocer el modo en que se relacionan con sus pares a partir del uso de la tecnología.

Como expresa su autora, la investigación abarca a niños y jóvenes entre 11 a 17 años dentro del territorio argentino, tomando una población de 3300 jóvenes, en el marco del "Programa Escuela y Medios", del Ministerio de Educación. Si bien se realizó en el país, en el 2006, se puede pensar en perfiles juveniles más allá del país. Fueron entrevistados 3300 chicos y 3300 adultos (padres o responsables de las casas), en 3300 hogares. No hubo sesgo alguno en la selección de los entrevistados, y el método empleado fue completamente azaroso.

Uno de los cortes más importantes que se verá a lo largo de la investigación es el socioeconómico. Esta dimensión ha resultado fundamental, y en algunos casos, es más decisiva que aquella por género y edad.

Las principales variables que definen el contexto socioeconómico de la familia son el nivel de ingreso y el grado de educación alcanzada por el principal sostén del hogar. De esto se desprende que los hogares más pudientes tienen acceso a adquirir más tecnologías. Pero no es del todo real si consideramos que el 90% del total de la población joven utiliza Internet, y la gran mayoría, en los locutorios.

El corte socioeconómico incide en muchas de las prácticas y usos que hacen los jóvenes de los medios, y por ello, como se verá luego, ha resultado ser unas de las dimensiones más importantes en esta investigación. Es importante aclarar que se trata de una investigación cuantitativa.

La solidaridad y el sentido del humor concentran las principales virtudes para un joven entre 11 y 17 años hoy. Les siguen "ser espontáneo" y "que te vaya bien en la escuela".

Las mayores diferencias sociales se registran en "tener dinero para salir". El 15% de los sectores más favorecidos económicamente elige esta opción para definir un adolescente popular frente a casi el doble (27%) de los más pobres.

Lo mismo sucede con el "vestirse bien", que reúne al 21% de los más favorecidos y al 41% de los más carenciados. En cuanto a los jóvenes, son mayoritariamente optimistas: el 70% cree que estará mejor dentro de los 5 años, el 25%, igual. Solo el 5% piensa que empeorará. La mayoría, el 80% cree que va a seguir estudiando después del secundario.

Estos resultados confirman que vivimos en una sociedad basada en el consumo y con un optimismo en los jóvenes de esta edad que lamentablemente se diluye con el paso de los años. Como miembros de esta sociedad, tenemos que procurar que estos adolescentes mantengan viva una visión positiva y optimista hacia la vida y educar en valores sobre la base de una capacitación integral. Éste podría ser el antídoto adecuado para esta sociedad a la cual todos pertenecemos.

En cuanto a la relación con la propiedad de los objetos, es importante destacar que está en aumento la cifra de chicos y jóvenes que tienen algún objeto o *gadget* que les pertenece solo a ellos. Casi la mitad de los chicos son dueños de libros y celulares (40% en cada caso), los medios más personalizados. Les siguen las revistas y la radio, y por último, la televisión, el equipo de CD y los videojuegos. El bien menos personal es la computadora. El 15 % es dueño de medios portátiles (*walkman* y *discman*).El tiempo de contacto con ellos es continuo en la medida en que puedan transportarlos. El IPOD registra un porcentaje muy minoritario (1% y solo entre los más grandes, de 15 a 17 años). Las cifras son distintas si se consideran los niveles socioeconómicos. Es importante subrayar también que en virtud de los adelantos tecnológicos, los mayores adquieren equipamiento nuevo, quedando los antiguos para los más chicos. Se puede decir entonces, que los mayores, 15 a 17 años, son dueños de radio, teléfonos celulares, equipos de CD. Los más pequeños tienen más libros, revistas y videojuegos. Los chicos que disponen de equipamiento propio y en la habitación tienen más autonomía en sus consumos culturales. La autora destaca el consumo de los medios en soledad, sin la presencia de un adulto.

El resultado de esta investigación nos debe hacer reflexionar a docentes padres y alumnos para recrear una cultura que promuevan actividades en familia, como ver la televisión y compartir la tarea escolar. Para lograr este propósito, es beneficioso retirar del cuarto la televisión y la computadora.

Destaquemos otro dato interesante, el 20% de los chicos utilizan un medio de comunicación a la vez (en exclusividad). El 80% lo combina con alguna otra práctica simultánea. Los tiempos con los medios son compartidos y nunca excluyentes, una característica que también define a esta generación. Por ejemplo, los chicos que utilizan más Internet, no ven a cambio menos televisión. Internet no desplaza a la pantalla de la televisión. Cada nuevo medio, antes que desplazar al anterior, se agrega a él. En suma, las pantallas, en especial la televisión y la computadora, ocupan un lugar importante en la vida de los jóvenes. La computadora, debemos decir, en constante ascenso. Sin embargo, esta investigadora concluye diciendo que los jóvenes de hoy eligen el afuera con amigos antes que el adentro con los medios.

Estas estadísticas sobre el consumo de medios y prácticas culturales tratan de dar respuesta a algunos interrogantes sobre esta Generación Net, a la cual tenemos que formar a partir de sus fortalezas y debilidades.

La condición social es una variable fundamental en la adquisición de medios. Solo la televisión y la radio no registran diferencias entre familias de condición socioeconómicas diferentes. Las brechas más importantes se observan en la relación con la computadora, la videocasetera, el diario, Internet, y el teléfono en línea. Las diferencias se producen tanto en los medios tradicionales como en las nuevas tecnologías. Por esta razón, el 83% de los chicos de sectores populares utiliza la PC en locutorios (frente al 55% de los sectores de mayores recursos). La menor brecha es la que existe en el caso del teléfono celular, que en muy poco tiempo logró instalarse en prácticamente en todos los sectores sociales.

La autora aclara que el acceso a los bienes culturales como pueden ser los libros es también limitado. El 35% de los chicos de sectores favorables económicamente afirma que lo que más leen son libros, solo el 20% de los más pobres coincide en ello. Y mientras el 20% de los chicos de mayores recursos afirma que los saca de la biblioteca de la escuela, entre los más pobres casi el doble (35%) recurre a ella.

Tener computadora e Internet se ve traducido en una utilización más fluida de ella. Los chicos con mayor nivel económico la usan para chatear y realizar tarea para el colegio, tienen una utilización más productiva y diversificada. En cambio, los de recursos más bajos (solo el 10% tiene computadora en su casa) la emplean exclusivamente para chatear y jugar. En las clases de informática es muy importante valorizar esta herramienta como un utilitario clave no solo para el juego, y demostrarles a los chicos de condiciones más humildes que ella puede ayudarlos a alcanzar niveles de cocimiento superior.

Los gobernantes tienen que colaborar con políticas para que los más humildes puedan tener igualdad de oportunidades en el acceso a una alfabetización digital y con promociones acorde a sus posibilidades para la adquisición a estos bienes tecnológicos. De hecho, a lo largo de los años hemos visto la puesta en marcha de ciertas medidas, pero no son sostenidas, muchas veces no se implementan a conciencia, y con el tiempo se diluyen.

De la investigación de Roxana Morcuchowics, se extrajeron los datos más relevantes para comprender la cultura de los jóvenes de 11 a 17 años, desde el aspecto socioeconómico y el uso que hacen de las nuevas tecnologías. El conocimiento sobre los gustos, hábitos y temores de la Generación Net nos permitirá implementar nuevas metodologías pedagógicas acordes a su forma de pensar y actuar.

Este estudio nos ayuda a comprender mejor la cultura en la que están inmersos nuestros niños y jóvenes a fin de redefinir los objetivos de una educación integral, fortalecer lazos, y mejorar la comunicación.

LA ESCUELA: UNA ORGANIZACIÓN QUE APRENDE EN LA ERA DE LOS INTANGIBLES

4

La organización escuela en el contexto del cambio cultural

Se analizará la problemática de la organización escuela, en el contexto del cambio cultural que vive nuestra sociedad y de la función de cada uno de las personas que la forman, como líderes responsables del futuro de nuestros educandos.

Juan Antonio Pérez López (1993: 14) define a la organización humana como "un conjunto de personas cuyos esfuerzos –cuyas acciones –se coordinan para conseguir un cierto resultado u objetivo que interesa a todas ellas, aunque su interés pueda deberse a motivos muy diferentes". Lo decisivo para que una organización exista es que las personas que la conforman ordenen su accionar conjunto hacia el logro de los resultados que se plantean alcanzar.

Los elementos esenciales de una organización, siguiendo a este autor son: acciones humanas, necesidades humanas y una fórmula o modo de coordinar las acciones para satisfacer las necesidades. Sobre esta base podemos establecer una distinción fundamental para cualquier organización de este tipo: la distinción entre organización formal y organización real.

Lo importante de esta diferencia es entender que en una organización real, además de la organización formal, cuya meta es coordinar acciones que puedan ayudar a satisfacer necesidades, existe lo que se llama organización informal, que comprende el conjunto de interacciones que se dan entre personas, y que lógicamente, no está prevista por la organización formal.

Para ampliar estos conceptos podemos hablar de organizaciones inteligentes según lo define Peter M. Senge (1998:1):

> "organizaciones en donde la gente expande continuamente su aptitud para crear los resultados que desea, donde se cultivan nuevos y expansivos patrones de pensamiento, donde la aspiración colectiva queda en libertad, y donde la gente continuamente aprende a aprender en conjunto".

Filomena García Requena (1997: 27) define a la organización escolar como un sistema compuesto por el cuerpo directivo, profesorado, personal de administración y servicio, y sus clientes, el alumnado y su familia, que interactúan con elementos materiales (espacio y recursos), elementos formales y funcionales (el sistema escolar, planificación, órganos de gobierno y participación, clima disciplinario, horario, evaluación y relaciones humanas), y elementos auxiliares y complementarios (actividades extraescolares, servicios complementarios de apoyo a la escolarización, relaciones centro-comunidad, servicio de apoyo externo).

Este sistema así planteado es de alta complejidad y para su análisis nos conviene repasar la definición de sistema como un todo unitario y organizado compuesto por dos o más partes (elementos componentes o subsistemas), que por su misma naturaleza constituye una complejidad organizada. Las características básicas de un sistema según Peter M. Senge son:

- La interacción entre las partes y el todo.
- La organización jerárquica de sus partes componentes.
- Las partes son diferentes al todo.
- Sus límites son artificiales, dado que recibe de un ambiente más grande.
- Es abierto o cerrado según sea influenciado por el ambiente o no.

- Tiene entradas, procesos salidas y lazos de realimentación.
- Tiende a mantenerse estable ante perturbaciones externas (homeostasis).

A menos que una fuente continua de energía se concentre en una actividad, la energía dentro del sistema se disipará.

Considerando estas características, ahora analizaremos en forma parcial la dinámica de un sistema escolar en la sociedad actual. El enfoque tendrá en cuenta la interacción directivo-docente, directivo-alumno, docente-alumnos.

Estamos sumergidos en un cambio cultural profundo en donde existe un salto de escala en la comunicación. La historia nos demuestra que cada vez que han ocurrido cambios de estas dimensiones se produce más interacción y aumentan las posibilidades para la cooperación y competición.

> "Al haber más interacción se crean situaciones nuevas en donde se pueden hacer cosas que antes no eran posibles. La intensificación de la interacción produce nuevos recursos. Por ejemplo nuevas tecnologías, nuevos procedimientos, nuevos productos, nuevas posibilidades" (Oltra Climent, 1995: 209).

En la primera fase de la situación de cambio, no existe todavía una cultura específica propia. Así los nuevos recursos son utilizados de acuerdo con las pautas culturales precedentes.

En el sistema escolar actual tenemos como ejemplo el impacto de las nuevas tecnologías y las comunicaciones. Los directivos y docentes formados en una cultura precedente se enfrentan a la problemática de utilizar este potente recurso, sin caer en el simplismo de continuar haciendo lo mismo que hacían sin la necesidad de su uso.

A su vez, el alumnado ya nace inmerso en esta cultura con predominio de la tecnología y las comunicaciones. Se podría pensar que ellos son nativos, y los directivos y docentes son extranjeros. Como consecuencia, se producen fuentes de tensión, fruto del defasaje cultural y de las formas en que cada actor del proceso educativo enfrenta las nuevas situaciones.

Como dijimos anteriormente, el alumno (beneficiario) con sus problemas particulares convive con las demás personas que conforman el sistema escolar, y estos focos de conflictos impactan fuertemente en el accionar de la organización.

Líderes de la organización

Aquí tiene importancia rescatar al directivo y al docente como líder de la organización para que no se pierdan los fines de la educación (fuentes continuas de energía en el decir de Peter M. Senge). ¿Por qué decimos esto? El alumno conciente o no de sus necesidades, como ser inteligente aunque inacabado e imperfecto, detecta que es capaz de influenciar con poder (como nativo de esta cultura), al sentir insatisfacción por no tener algunas de sus necesidades cubiertas.

Si nos guiamos por Pablo Ferreiro y Manuel Alcázar, las necesidades de las personas se pueden clasificar en tres grandes grupos:

> "Necesidades materiales, son las que se relacionan con el mundo material sensible: son las cosas externas a nosotros.
>
> Necesidades cognoscitivas, son las que se relacionan con el aumento de nuestro conocimiento operativo, con nuestro saber controlar la realidad, poder cosas y conseguir lo que queremos.
>
> Necesidades afectivas, son aquellas ligadas al logro de relaciones satisfactorias con otras personas, a la certidumbre que no somos indiferentes para los demás, de que nos quieren como personas. Es la necesidad de amar y ser amado" (Ferreiro y Alcázar, 2002: 25).

Hoy en día, al estar viviendo una transición cultural abrupta, se da una amplia contraposición en la forma de percibir y valorar la realidad entre las generaciones de docentes y alumnos, que lleva a que la materialización de las necesidades antes expuestas sean diferentes para ambos grupos. Como ejemplo, podemos decir que la necesidad de comunicarse del hombre siempre existió, pero en la actualidad podemos notar el choque generacional en el modo de utilización del lenguaje como el *chat* o los mensajes de texto por celular.

En este contexto de cambios, el alumno al ejercer poder, por sentirse nativo de la nueva cultura, produce una ruptura disciplinar que afecta a la organización jerárquica del sistema escolar. Este poder en muchos casos lo ejerce con la complicidad de los padres, dado que el sistema familiar también está en crisis.

Quienes conducen la organización escolar deben prepararse para liderar en esta crisis que vivimos. Una buena forma de empezar es considerar este sistema como un todo, con un enfoque sistémico que permita adaptarlo al contexto de cambio.

Un enfoque sistémico de la organización escolar

Una buena forma de comenzar es considerar al sistema escuela como un todo, con un enfoque sistémico que permita adaptarlo al contexto de cambio.

Para llevar a la práctica esta visión, la organización escolar debe:

- Alentar el crecimiento de sus integrantes a través de una capacitación continua que apunte a detectar los intereses de los alumnos, desarrollando el valor de la empatía para comprenderlos mejor.
- Interesarse ante todo por las conexiones entre el aprendizaje personal y el aprendizaje organizacional, comprometiéndose recíprocamente entre individuo y organización. Esto conforma una organización constituida por personas capaces de aprender.

"El empleado puede aportar conocimiento, creatividad, ingenio y capacidad para solucionar problemas, aspectos no exigibles por su naturaleza –aunque deseables- en el contrato formal de trabajo". (Ferreiro y Alcázar, 2002: 45)

Esto constituiría el aporte del trabajador a la organización:

- El trabajar con modelos mentales para sacar a la superficie las imágenes internas del mundo y someterlas a un riguroso análisis. Esto nos permitirá entender los modelos mentales desarrollados por las personas nativas de esta nueva cultura y así buscar puntos de coincidencia que permitan entablar la comunicación, base del proceso educativo.

- La construcción de una visión compartida en la definición de metas y objetivos para alcanzar los fines de la organización. En la organización escolar esto debe ser implementado a través del PEI y de la conformación de equipos de trabajo que acuerden con él.
- El aprendizaje en equipo, que comienza con el diálogo y con la capacidad de sus miembros para suspender los supuestos e ingresar en un auténtico pensamiento conjunto.
- La capacidad de los directivos para detectar en los miembros de la organización sus talentos y habilidades para conseguir aumentar la competencia distintiva de la institución educativa.
- La aplicación en la organización del concepto de eficiencia como lo define Juan Antonio Pérez López (1993: 151), entendida como los cambios que se producen en la eficacia generada por las decisiones que se van poniendo en práctica, porque cambia la el atractivo de la organización.

Las organizaciones para cumplir con el fin de la educación, deben estar abiertas a un aprendizaje permanente que les permita manejar la complejidad dinámica producto de sus decisiones a corto y largo plazo.

Concluyendo, en educación el bien más preciado es el educando, un ser humano inacabado, que merece ponernos a su servicio para incorporar en él hábitos operativos perfectivos, teniendo en cuenta su conformación en tanto es cuerpo y espíritu. No se trata de un bien material que se compra o se canjea.

Las instituciones educativas conformadas muchas veces por personas inmersas en la cultura *light*, deben cuestionarse cómo formar integralmente a sus alumnos en este contexto, fomentando la formación en valores que son atemporales y que trascienden a la cultura impuesta.

Para revertir esta problemática, en el universo de una institución educativa se requiere de una conducción con ideales altos y una gran convicción de los objetivos y metas que se quieren alcanzar. Vivir con coherencia es un valor fundamental del dirigente o líder para así ser creíble a la hora de plantear un cambio en el proceder de quien uno dirige.

A menudo hay que preguntarse: ¿Realmente, qué es lo que quieren nuestros alumnos? ¿Estamos dándole lo mejor de nosotros? ¿Nos sentimos o creemos capacitados para atender sus necesidades desde lo curricular, actitudinal?

¿Estamos dispuestos a acompañar, comprender y atender a los alumnos con sus problemáticas?

Responder a estas preguntas es enfrentarnos con uno mismo desde el rol que nos toca vivir y replantearnos lo que queremos ser.

Es importante reflexionar sobre el éxito, palabra que hoy en día se pronuncia frecuentemente . Alcanzarlo pareciera que a uno le garantiza un porvenir lleno de seguridad y prosperidad. Con los años aprendemos que es efímero. Hoy lo puedo tener, pero mañana no lo sé. Al éxito se lo vincula con un cúmulo de cosas materiales que queremos lograr. Deberíamos evitar en nuestro accionar conjugar el verbo ser o tener y trabajar más sobre el hacer.

Para cerrar esta parte del escrito viene muy bien citar a Pablo Ferreiro y Manuel Alcázar:

> "El único proyecto de vida que merece la pena es la búsqueda de la plenitud: El servicio a los demás es contribuir desde el lugar propio a mejorar la sociedad. Todos estamos vinculados con algo o alguien. Lo importante es saber cuáles y cómo son nuestros vínculos y con quién estamos vinculados, para poder orientar nuestra capacidad de dar y de servir. Nuestra voluntad tiene que actuar, no puede ser estática; o sale hacia fuera o se curva hacia dentro. O nos enclaustramos en nosotros mismos de manera egoísta o empobrecedora o salimos a descubrir a los demás para ayudarlos a ser mejores, a pesar de las dificultadas propias y ajenas" (Ferreiro y Alcázar, 2002: 39).

Una organización que está dispuesta a aprender es una organización que puede comenzar a realizar proyectos a partir del uso de las nuevas tecnologías de la información y de la comunicación, basándose en una enseñanza personalizada con la posibilidad de inculcar valores.

Características de un docente eficiente para encausar un proyecto interdisciplinario con el uso de las nuevas tecnologías de la información y de la comunicación

Un docente efectivo es aquel que pone en práctica distintas estrategias pedagógicas dirigidas a un ser personal dotado de cuerpo y espíritu, libre para elegir y dispuesto a aprender, ya que se reconoce como un ser inacabado.

El amor es condimento esencial para el mundo de hoy, donde prima el individualismo, el hombre se vuelve cada vez más egoísta.

Sara López Escoalona, en *Antropología y educación*, describe muy bien el problema de la educación en tiempos de crisis:

> "La educación como problema es siempre una situación nueva y actual; la formación del hombre, la relación de ayuda, el invocar las potencialidades de su ser o como quiera expresarse, esta realidad compleja y desafiante es una tarea que urge, inquieta y compromete a la sociedad toda".

Víctor Frankl dice, "el amor es el único camino para arribar a lo más profundo de la personalidad de un hombre. Nadie es conocedor de la esencia de otro ser humano si no lo ama".

Un estudio norteamericano detectó que las variables más influenciables en el aprendizaje de los niños son: las características psicológicas de los niños; el manejo de la clase que efectúa el profesor, la interacción académica y social entre éste y el alumno; y el ambiente familiar que rodea al niño.

El docente es el corazón del sistema educativo, su comportamiento es el elemento central de la calidad de una determinada escuela.

Muchos docentes caen en la trampa de ser presentadores en vez de maestros. Muchos habrán tenido docentes presentadores en el colegio, personas a las que solo les importaba llegar al final del libro, recitar los contenidos. En cambio, los "maestros" siempre se preocupan por el aprendizaje, toman medidas específicas para asegurarse de obtener buenos resultados en el proceso de transmisión de contenidos. Esto involucra responsabilidad e idoneidad.

Considerando ahora las características de un profesor efectivo, se describirán los factores indirectos y directos.

Los factores indirectos corresponden a la vocación, los rasgos personales, y el buen dominio de los contenidos.

Dentro de los rasgos personales, el entusiasmo es primordial en un profesor efectivo, poseedores de vitalidad y con la capacidad de trasmitir un contagioso entusiasmo por su materia. La alegría en las clases es un factor importante a percibir por los alumnos, este espíritu contagia.

Existen tres características personales del profesor que influyen en el rendimiento de los alumnos: la comprensión, la preocupación por el alumno, y la naturalidad.

Un docente responsable debería tener su clase bien preparada y conocimiento profundo de los contenidos y de sus alumnos, porque es requisito colaborar en la formación de la personalidad en esta etapa de desarrollo durante la edad escolar. Es importante que el docente reconozca cuando su método de enseñanza es inapropiado, porque de esta manera lo reemplazará por otro y no les atribuirá la falla a sus alumnos.

El tema del aula se convierte en algo atractivo cuando este es experimentado por el alumno, porque tiene la oportunidad de adoptar lo que se le ha enseñado de modo personal. El profesor requiere de técnicas creativas que fomente la exploración, la curiosidad y estimule el conocimiento.

Existe un principio educativo que dice: "convierta el aprendizaje en algo significativo", que se puede poner en práctica teniendo en cuenta los siguientes consejos:

- Conviene explicar a los alumnos lo que van a hacer y el porqué; las actividades deben tener sentido para ellos y el vocabulario debe ser acorde con la edad.
- Es significativo mostrar a los alumnos que es posible trasladar a su vida lo aprendido. Apreciarán la aplicabilidad de la enseñanza cuando puedan transferir lo asimilado a situaciones nuevas.
- Un docente, que utiliza tácticas creativas permite la exploración, fomenta la curiosidad y estimula el conocimiento. La creatividad es importante tanto en el docente como en el alumno: se debe tener en cuenta la personalidad de los alumnos, dejar que se expresen libremente.

En cuanto a los factores directos de los profesores efectivos, los más relevantes son, el clima grupal que se desarrolla en la sala de clase y el liderazgo.

El desarrollo de un ambiente propicio de aprendizaje debe considerar los siguientes aspectos: la instauración de un ambiente de trabajo, la creación de un clima afectivo, estimulación y refuerzo permanente a la participación, y un adecuado reconocimiento e interpretación de los distintos patrones de comportamiento grupal. El docente debe preocuparse por establecer normas de convivencia grupal y académicas, motivando la participación de toda la clase, promoviendo condiciones que faciliten la atención y concentración.

Es importante proporcionar un entorno de aprendizaje que ofrezca apoyo y seguridad emocional.

Los pilares para lograr un ambiente propicio son:

- **Confianza**: "confíe en sí mismo y en su capacidad de enseñar". Los alumnos percibirán la confianza y coherencia de sus actos y les servirá de apoyo y guía.
- **Honestidad**: "sea honesto con sus alumnos y solo prometa lo que va a poder cumplir". Es importante ser abierto para que los alumnos también tengan la

posibilidad de ser honestos con respecto a lo que sienten frente al docente. Debe lograrse un ambiente de libertad que no altere el ambiente de trabajo.

- **Respeto**: "todos se merecen respeto". Si el docente respeta a los demás y se hace respetar, los alumnos responderán de la misma manera. El respeto por los alumnos implica el reconocimiento de los propios errores, una interpelación cordial y coloquial apoyándolos positivamente y transmitiéndoles confianza.

Es importante que el docente actúe con coherencia en los actos diarios de su vida profesional, es decir, debe enseñar con el ejemplo.

Un docente eficiente propicia un ambiente adecuado para realizar cualquier actividad que se quiera encarar, respondiendo a las necesidades de los alumnos en forma individual sin perder el control del curso. Esto significa que el docente debe permanecer consciente de lo que está sucediendo en todas las partes de la sala de clase.

La comunicación entre docente-alumno no es un tema menor, en donde el docente ejerce la capacidad para reconocer e interpretar de modo rápido y adecuado los distintos comportamientos.

Un ambiente colaborativo e interactivo, en donde el docente se muestra activo y no como agente meramente de transmisión de información, propicia la incorporación de valores como la prudencia, la tolerancia y la justicia, para relacionarse en un ambiente de respeto y seguridad emocional.

La responsabilidad del docente, en este tiempo influenciado por las nuevas tecnologías de la información y de la comunicación, es saber gestionar personas y gestionar relaciones entre personas, es decir, ayudarles a desarrollar todas aquellas competencias de habilidades sociales y de relación interpersonal que sabemos son esenciales, que permanecen invariables generación tras generación

Los rasgos directos e indirectos del profesor efectivo reflejan la coherencia entre el ser, el saber, y el saber hacer del profesor. Esto provocará la aceptación de los alumnos.

El impulso creador

Gracias a los adelantos tecnológicos, el hombre puede investigar otros planetas, la comunicación es inmediata y los descubrimientos en medicina pueden prolongar la vida de las personas. Esta sucesión de hechos se producen porque el hombre se pregunta constantemente, cómo, cuándo, dónde y el porqué de los hechos que le suceden. En nuestro accionar docente, ¿nos cuestionamos hechos, nos planteamos desafíos? ¿.Nuestro accionar es legítimo y acorde con nuestros principios, nos preguntamos qué nos moviliza a seguir ejerciendo la docencia?

Según Hernández y García (1991: 150): la motivación, probablemente, sea el tema nuclear de toda la Psicología. Las preguntas que surgen en torno al punto de partida, el mantenimiento o a la finalidad de nuestro comportamiento están íntimamente ligadas al tema de la motivación.

Podemos definir a la motivación como un conjunto de procesos implicados en la activación, dirección y persistencia de la conducta. La creatividad nos permite innovar, sortear obstáculos, buscar otras vías de solución a conflictos, experimentar nuevas y renovadas sensaciones. Tanto en el plano artístico, intelectual como en toda la actividad que el hombre desarrolle en su vida diaria.

En su libro *Ideas opuestas soluciones creativas*, Roger Martin define las capacidades de los líderes excepcionales. Subraya que los líderes excepcionales sobresalen por el pensamiento integrador, es decir, por la capacidad para tener presentes dos ideas opuestas, y luego llegar a una síntesis compuesta por elementos de ambas, pero, al mismo tiempo, produciendo algo mejor que ambas. Continúa diciendo que los pensadores convencionales se contentan solo con aspectos de significación obvia, descomponen los problemas en partes para trabajar por separado, y se contentan con las que consideran las mejores alternativas disponibles.

Este autor en su libro comenta casos de empresarios que fueron pensadores integradores a la hora de tomar decisiones para salvar sus empresas que estaban en riesgo. Bajemos al plano de la docencia y pensemos como líderes integradores, indagando y actuando para dar soluciones creativas a nuestros problemas diarios, y también infundiendo en nuestros alumnos aptitudes de líderes integradores.

En las escuelas, muchas veces, prima el pensamiento lógico-analítico en lugar del pensamiento creativo. Dylan Thomas llamó a la creatividad como la fuerza que hace brotar la flor de su capullo. Asimismo, para Peter Koestembaun, la creatividad consiste en atrapar el universo y hacerlo fluir a través de nuestros ojos.

¿Y para nosotros, docentes, en qué consiste la creatividad?

Muchas veces el bloqueo creativo nos paraliza y no nos deja ver más allá de lo que está aconteciendo. Realizar actividades recreativas como pintar, escribir pueden ser algunas de las alternativas liberadoras. Una mente flexible y creativa nos conducirá a tomar decisiones innovadoras. Trasladado al plano de la docencia nos será más fácil romper con viejos paradigmas, y tomar otra postura frente a las inquietudes que tienen los alumnos, y que son propias de esta generación.

Cuanto más pequeños, más permeables y abiertos estamos a captar el mundo que nos rodea. La creatividad aflora naturalmente, y esto permite modificar la realidad a través del juego y de las artes plásticas. Pablo Picasso decía que todo niño es un artista. El problema es cómo mantenerse siéndolo una vez que se ha crecido.

Cómo vamos a promover la creatividad en los alumnos si nuestra creatividad está bloqueada. Estos bloqueos se superan con esfuerzo, con convicción, y teniendo siempre presente nuestro rol docente.

Julia Cameron en su libro *El camino del artista* desarrolla un método para superar los obstáculos que nos separan de nuestro ser creativo, y nos ofrece tareas para poner en práctica (2011:194).

Tareas propuestas por Julia Cameron

- Describe la resistencia, los miedos y los temores que tengas. Todos los tenemos.
- Echa un vistazo a las cosas que estás postergando en este momento. ¿Qué ganas a cambio? Ubica los miedos ocultos. Haz una lista de ellos.
- Elige un recipiente en donde puedas depositar todos los miedos, tus resentimientos, tus esperanzas, tus sueños, y tus preocupaciones.

Tres preguntas:

- ¿Qué quisieras crear?
- ¿Qué senderos nuevos estás dispuesto a recorrer?
- ¿A qué apariencias estás dispuesto a renunciar para ser fiel a tus sueños?
- Confecciona una lista de cinco personas con las que puedes compartir tus sueños y hacer planes.

Completa esta tarea desde el plano personal y, por qué no, en tu rol de docente. Aflorarán un montón de sentimientos e ideas que te ayudarán a observar tu interior y a encontrar esa puntita necesaria para comenzar a tejer tu camino creativo.

La imagen sensibiliza nuestro yo creativo

La idea de este capítulo no es profundizar sobre estos conceptos, sino repensar nuevas formas de encarar las actividades para volcarlas al plan de clase. Y desde la motivación, estimular, activar y desarrollar el campo creativo de los estudiantes.

Es una época en donde la imagen prolifera por la gran cantidad de dispositivos que existen a los que se agregan los tecnológicos. Aristóteles sugería que las imágenes eran necesarias para cualquier proceso de pensamiento.

"Ahora bien, para el alma pensante las imágenes, ocupan el lugar de las percepciones directas y cuando el alma afirma o niega que esas imágenes son buenas o malas, entonces las evita o va tras ellas. De allí que el alma nunca piensa sin una imagen mental" sostiene Alberto Manguel (2000:18). Las personas no videntes, aclara seguidamente a este párrafo, perciben por el tacto y el sonido que proveen, la imagen mental que ha de ser descifrada.

La imagen es la musa inspiradora del artista, imágenes captadas por almas inquietas, observadoras. La observación es clave para el ser creativo, pues las imágenes se graban en la mente junto con las emociones que éstas nos generan. Luego son evocadas por el inconsciente para ser representadas.

Las imágenes activan y estimulan la imaginación del observador. Se establece un vínculo espontáneo entre lo observado y el mundo interior del espectador. Este puede ser un artista o cualquier persona que elija observarlas. Vivimos en un mundo rodeado de imágenes, por lo tanto no tenemos que prescindir de ellas. Es un aporte importante como recurso de apoyo para la enseñanza de contenidos.

Rebeca Anijovich (2010: 64) recomienda a los docentes aprender a leer el lenguaje de las imágenes y a enseñar a nuestros alumnos a interpretar crítica y creativamente ese lenguaje.

Existen tres funciones básicas de las imágenes.

- **Estimuladora**: cuando capturamos el interés del alumno y provocamos sensaciones o sentimientos nuevos a través de ellas.
- **Informativa**: cuando queremos informar sobre una determinada época o cuando utilizamos un gráfico para ayudarnos a transmitir distintos tipos de información como cantidad de población, datos relacionados con la economía.

- **Expresiva**: cuando nace de una actividad previa para el desarrollo de la creatividad.

Tomemos algunas propuestas de Rebeca Anijovich (2010: 67):

- Escribir un diálogo entre los personajes.
- Formular hipótesis acerca del contexto.
- Formular preguntas a los personajes.
- Escribir la escena anterior y la posterior o dibujarlas.
- Elegir un personaje y narrar en primera persona.
- Describir el estado emocional de los personajes.

La idea de este capítulo es ayudarlos a que encuentren nuevas posibilidades para que los alumnos expresen sus conocimientos, sus ideas a partir del uso de diferentes herramientas.

Los alumnos necesitan desarrollar habilidades, como por ejemplo, la observación para hacer una lectura cabal de las imágenes, la capacidad de comunicar con eficacia a través de las imágenes textuales o gráficas

Mirzoeff mantiene que si nos centramos únicamente en el significado lingüístico de las imágenes visuales, estamos negando un elemento que hace que éstas sean distintas de los textos. Este elemento es la inmediatez sensual. Por ejemplo, ver la caída del Muro de Berlín televisada en directo provocó sentimientos que excedían absolutamente a las palabras. Hay algo que resulta un "exceso" al momento de ver. Sensaciones como la intensidad, la sorpresa, la conmoción, el enmudecimiento, están en el corazón de la experiencia visual, y esto no puede ser agotado recurriendo al modelo textual de análisis.

¿Qué agrega, quita, modifica, el uso de imágenes en las escuelas?

Los chicos en general están urgidos por la inmediatez, por eso la imagen es tan contundente en estos días, pero es importante también no dejar a la imagen tan sola ni a las palabras que pretenden decirlo todo. Existe un punto medio, con matices que estaría bien experimentar.

Pensemos en algunos de los beneficios que podremos lograr en nuestros alumnos al tomar las imágenes como función estimuladora o expresiva: el generar juicios de valor personales, permitiéndose las emociones para expresarlos y compartirlos.

El juego disparador de la creatividad

> "La improvisación, la composición, la escritura, la invención, todos los actos creativos son formas de juego, el lugar de comienzo de la creatividad en el ciclo del crecimiento y una de las funciones primarias de la vida. Sin el juego el aprendizaje y la evolución son imposibles. El juego es la raíz de donde surge el arte, es la materia prima que el artista canaliza organiza con todo su saber y su técnica. La técnica misma surge del juego, porque solo podemos adquirir la técnica por la práctica de la práctica, experimentando y jugando persistentemente con nuestras herramientas y probando sus límites y sus resistencias. El trabajo creativo es juego; es especulación libre usando los materiales de la forma que uno ha elegido" (Nachmanocvitch 2011:57).

Este autor evoca al artista que juega con el color y el espacio; al músico que juega con los sonidos y el silencio; a los niños que juegan con aquello que tienen a su alcance. Nosotros como docentes tenemos que permitirnos jugar. El juego está muy ligado a la diversión. Este era nuestro objetivo cuando de niños seleccionábamos un juego o un juguete. Ejerciendo el rol de madre, de mecánico, o de doctor, imitábamos situaciones de la realidad o creábamos situaciones imaginarias que teatralizábamos con amigos, hermanos o con nosotros mismos.

Rememoremos esa época, nos ayudará a liberarnos de pensamientos negativos que nos restringen la libertad para innovar con nuevas tecnologías, poner en práctica un nuevo método pedagógico o modificar en algo nuestro estilo de enseñanza. Hay que despertar ese ser creativo que todos tenemos en mayor o menor medida para imaginar alternativas innovadoras y geniales. Pensemos que la diversión trae felicidad, alegría, y más aún si alcanzamos los objetivos propuestos.

La confianza en uno mismo es un factor preponderante para desbloquear nuestra mente y darle rienda suelta a la creatividad. Existe un poema de David Whyte, en el libro *Fish* (Lundin, 2001: 47), justamente relacionado con este tema, al cual denomina "Fe", y dice lo siguiente:

"Quiero escribir sobre la fe,
sobre cómo se levanta la luna,
sobre la nieve fría, noche tras noche,

fiel incluso mientras se difumina su redondez
y se convierte lentamente en esa última curva
imposible, pedacito de luz antes de la
oscuridad final.

Sin embargo, no tengo fe en mi mismo,
me niego a darle la más mínima entrada.

Deja, pues, que mi pequeño poema,
como una luna nueva, delgada y apenas abierta,
abierta, sea la primera oración que me
abra a la fe".

En la vida hay que correr riesgos. Confiemos en nosotros. No perdamos tiempo ni oportunidades. No hay que perder la fe a fin de liderar un cambio individual y colectivo. Que la luna llena ilumine nuestros corazones para liderar un cambio.

Durante la clase podemos plantear una consigna de trabajo inédita o tocar un tema de interés que no esté pautado en el currículum, teatralizar situaciones, jugar a que son paleontólogos, médicos, editores, artistas, arquitectos. ¡Realizar competencias!

Según Stephen Nachmanovitch (2011:58): "nuestro juego estimula la riqueza de respuesta y de flexibilidad de adaptación. Éste es el valor evolutivo del juego, el hecho de que nos hace flexibles. Al reinventar la realidad y producir algo nuevo, evita que permanezcamos rígidos. El juego nos permite reordenar nuestras capacidades y nuestra identidad misma para poder usarlas en forma imprevistas".

Existe una palabra francesa, *bricolage*, que significa arreglársela con el material que uno tiene a mano: un *bricolour* es una especie de hombre orquesta o persona hábil con sus manos que puede reparar cualquier cosa.

Para ser un docente creativo no necesitamos contar con recursos costosos. Con pocos materiales y mucha imaginación se puede motivar a los alumnos y convertir la clase en un momento de diversión. Aprender divirtiéndose es la idea.

"La actitud artística que siempre implica una saludable dosis de bricolaje, nos libera para que veamos las posibilidades que se nos presentan; entonces podemos tomar un instrumento común y convertirlo en extraordinario" (Nachmanovitch 2011:104).

A menudo se observa que los niños de preescolar poseen creatividad y una soltura increíble para desarrollar sus actividades. No temen realizar un dibujo o un *collage*, Cualquier material viene bien para comenzar a trabajar. Son versátiles y de verdad muy observadores. Hacen preguntas continuamente, quieren saber del mundo que los rodea y quieren mostrarnos todo lo que saben. Muchas veces en el afán docente de avanzar con las actividades planificadas se interrumpe este proceso creativo de los niños.

Con frecuencia, nos encontramos con nuestro yo obstaculizador. Existen dos tipos de juicios según Stephen Nachmanovitch (2011: 152) los juicios constructivos u obstructivos.

> "El juicio constructivo avanza junto con el tiempo de creación como un continuo *feedback*, una especie de carril paralelo de la conciencia que facilita la acción. El juicio obstructivo se podría decir que corre perpendicular a la línea de acción, interponiéndose antes de la creación (rechazo o indiferencia). El recurso para la persona creativa es poder establecer la diferencia entre las dos clases de juicios y cultivar el juicio constructivo".

Somos críticos muy rigurosos de nosotros mismos. Algunas veces el miedo nos invade. Le tenemos miedo al ridículo, al qué dirán mis alumnos o mis pares en la escuela si cometo alguna equivocación. Tenemos que permitirnos las equivocaciones, porque nada saldrá bueno de una actitud paralizante. Preguntas como ¿qué dirán mis pares si soy precursor de algo innovador que implemento? pueden llevarnos a poner bajo tela de juicio obstructivo dichas acciones.

> "Lo que puede salvarnos es saber que la verdadera creatividad surge del bricolaje, de trabajar con cualesquiera materiales de formas raras que

> tengamos a mano, incluyendo nuestra despareja colección de 'yoes' de formas raras.
>
> Cuando el trabajo y el juego no son una misma cosa, cuando el trabajo y quien lo realiza no son una misma cosa, la calidad se convierte en una irrelevancia, en algo decorativo; y en seguida llenamos el mundo de lugares y cosas feas" (Nachmanovitch 2011: 155).

Comparemos un pianista que ejecuta una pieza con una técnica precisa, pero que en realidad no transmite ninguna emoción, ningún sentimiento. Una clase improvisada o un docente transmisor de contenidos pueden convertirse en una clase poco atractiva.

Generar empatía es altamente positivo para atraer la atención y alcanzar momentos de óptima comunicación con los alumnos. Los sentimientos juegan un papel fundamental a la hora de impartir enseñanza, más aún en esta época en que nuestros alumnos nos necesitan. No vamos a suplir a los padres, pero el afecto y el trato cordial transmiten seguridad emocional.

Aclaremos en esta instancia que la creatividad y las actitudes positivas no se internalizan de un día para el otro. Hay que cultivarlas para luego cosechar, hay que abonar el suelo, hay que regar y también hay que dejarlo descansar para que los futuros cultivos que se recojan sean de excelente calidad.

Si nos sentimos libres la creación aparecerá. Necesitamos mucho de nuestra creatividad para lograr cautivar a los alumnos. Los medios tecnológicos hoy en día son nuestro principal competidor. Piensa como Carl Rogers: "La extraña paradoja es que cuando me acepto tal como soy puedo cambiar".

Una de las tareas habla sobre el compartir con los demás los sueños y aquello que anhelamos. Coincidimos que somos seres sociables y que necesitamos compartir nuestros hallazgos con los demás.

Desarrollando tu creatividad y felicidad

Aquí se nombran unas sugerencias para incrementar tu creatividad y felicidad personal Csikszentmihalyi, Mihaly. (1997). Desarrollando tu creatividad. Revista The futurist, Septiembre-Octubre, pp 8-12.Fuente: Psicoresumenes

- Trata de sorprenderte por algo cada día.
- Trata de sorprender al menos una persona cada día.
- Escribe cada día qué te sorprendió y cómo sorprendiste a los otros.
- Cuando algo te parezca interesante, síguelo.
- Reconoce que si haces cualquier cosa bien, ésta se vuelve placentera.
- Para mantener el placer por algo, incrementa su complejidad.
- Deja tiempo para la reflexión y relajación.
- Descubre qué te gusta y qué odias de la vida.
- Comienza a hacer más de lo que te gusta y menos de lo que odias
- Descubre una forma de expresar lo que te mueve.
- Mira los problemas de todos los puntos de vista posibles.
- Ten tantas ideas como sea posible.
- Trata de producir ideas originales.

LA FORMACIÓN DE UNA SOCIEDAD DE COMUNICACIÓN

5

Información y comunicación en la enseñanza

En este capítulo, se analiza la relación entre la comunicación y educación para definir criterios que nos permitan hacer un uso eficiente y eficaz de las nuevas tecnologías de la información y de la comunicación.

Nos podemos preguntar ¿qué es comunicar? Es un proceso dinámico por el cual las personas tratan de transmitir significado. La enseñanza se basa en la comunicación de la información, aunque no siempre el significado deseado por una parte es idéntico al significado comprendido por la otra. El caso en donde ambas partes no atribuyen el mismo significado a las mismas palabras o expresiones es de naturaleza semántica. Las causas de estas diferencias pueden ser múltiples, tal vez por el vocabulario utilizado, el nivel sociocultural, las edades, diferente sexo, las inflexiones de la voz que en su conjunto influyen en la comunicación como así también la percepción y la capacidad de atención.

La causa de esta distorsión se denomina ruido semántico. Reducir este ruido semántico es el primer objetivo en cualquier actividad educativa. Esto exige que el docente utilice los medios a su alcance para captar la atención y facilitar la comprensión de los conceptos y hechos que intenta enseñar. Por ejemplo, introducir redundancia utilizando tecnología multimedia para presentar los contenidos en diferentes modos.

Esta multiplicidad de formas permite utilizar mejor las diferentes capacidades de retención que poseen los alumnos (ya sea la visual o auditiva), mientras ayuda a combatir sistemáticamente la pérdida constante de información.

Fig. 5-1. Esquema de la comunicación entre personas.[1]

Además, una comunicación efectiva exige que el docente se apoye en los conocimientos previos de sus alumnos para que éstos puedan interpretar y transformar en conocimiento la información que reciben.

En resumen

---

[1] (Hernández Forte 2005:21).

- La comunicación tiene que estar en sintonía con la forma de comunicarse de nuestros alumnos para llegar a ellos de un modo efectivo, utilizando la tecnología acorde con la cultura actual.
- Esta información debe ser transmitida de manera clara y utilizando múltiples opciones para que asimilen, procesen la información y la conviertan en conocimiento duradero.
- Los conocimientos previos de los alumnos deben ser tenidos en cuenta para que puedan incorporar nuevos y así crear un proceso de retroalimentación acorde a un currículum espiralado.
- Debe fomentarse en los alumnos una actitud crítica frente a los medios de comunicación para que puedan tamizar la información que reciben.
- Debe reducirse el ruido semántico aplicando tecnologías y metodologías innovadoras, que permitan un nivel apropiado de redundancia a través de la individualización, la personalización y la integración

a) La individualización es garantizada por la capacidad de utilizar diversos recursos y de involucrar al interlocutor en el aprendizaje tanto individual o en grupo. La individualización significa la adaptación del modo en que digo y hago teniendo en cuenta las características particulares de ese individuo al que quiero llegar, en este caso particular, el alumno. Esta manera de conducirse del docente estaría relacionada con la enseñanza activa en donde el docente conduce y guía al alumno a procesar la información, conociendo la modalidad de trabajo permitiéndole que trabaje a su propio ritmo.

b) La personalización implica flexibilidad en la utilización de los recursos y en el desarrollo de la actividad adecuándose estas a las diferentes formas y estilos de aprendizaje (visual, auditivo, táctil) para alcanzar niveles de elaboración personal más profundos, con libertad de acceso y de exploración; así se facilita la interconexión con las estructuras cognitivas precedentes. "La personalización satisface la necesidad de reducir el ruido semántico en modo y medida adecuados a la capacidad de comprensión de cada individuo Es otro modo de adaptación personal del mensaje cognitivo." Virgilio Hernández Forte (2005: 22)

c) La integración está relacionada con la disponibilidad de recursos de diversos tipo y modalidad (video, audio, texto etc.) que permiten la exploración, la manipulación y la extrapolación con el mismo instrumento cognitivo. La integración, entendida como superación de límites, no sólo de la representación del conocimiento sino también en su exploración, permite alcanzar un adecuado nivel de redundancia porque consiste conectar el nuevo conocimiento al retículo de elementos y estructuras cognitivas personales precedentes.

Podemos concluir que es necesario combinar los recursos tradicionales de transmisión de la información (el docente y el libro) con las nuevas tecnologías de la información y las comunicaciones para lograr una educación integral de los educandos.

La comunicación educativa en la era de Internet

Si las computadoras en sí mismas constituyen una herramienta imprescindible de trabajo en todos los entornos de la vida del hombre, su interconexión en red potencia las posibilidades de comunicación a partir de las posibilidades de compartir recursos, información y colaboración entre usuarios.

Internet está introduciendo cambios continuos en la forma en que los hombres se comunican. En su nacimiento la Web 1.0 facilitó el acceso a la información contenida en la red, hoy la Web 2.0 nos brinda herramientas para interactuar en red, incorporando y transformando información. En el futuro, se espera que la llamada Web 3.0 o Web semántica (Web extendida dotada de mayor significado) permita que cualquier usuario en Internet pueda encontrar respuestas a sus preguntas de forma más rápida y sencilla gracias a una información mejor definida.

La transformación cultural generada por la introducción de estas nuevas tecnologías implica un cambio de paradigma en la educación. Es necesario formar a los alumnos para que posean un conjunto de conocimientos y habilidades específicas que les permitan buscar, seleccionar, analizar, comprender y recrear la enorme cantidad de información a la que se accede a través de las nuevas tecnologías. A la vez, deben desarrollarse un cúmulo de valores y actitudes hacia la tecnología para evitar tanto la fobia a la tecnología como una aceptación acrítica y sumisa a ella.

En este entorno, el profesor no desaparece, por el contrario se encuentra más activo para adecuarse a estudiantes con diferentes intereses y capacidades. Se le recomienda que haga uso de las nuevas tecnologías, pero sobre todo debe encontrar las técnicas metodológicas y didácticas acordes con las características naturales de la mente y de la memoria para optimizar el aprendizaje.

La educación en medios como ámbito de aprendizaje. Metas y finalidades

> "En la época que nos corresponde vivir únicamente es posible una escuela que desarrolle el concepto de aprender a aprender, superando la noción simple de socializadora -traducida en la práctica, las más de las veces, como domesticadora- . Se ha incorporar, para ello, desde el objetivo de una educación integral y liberadora, una nueva alfabetización -en sentido amplio-, que desarrolle una adecuada formación en valores-crítica y reflexiva- y potencie estrategias de acceso a la información - individual y grupal- desarrollando un sentido autónomo de la educación" (Pérez Tornero 2000:218).

Cuando hablamos de las nuevas tecnologías, nos referimos a aquellas tecnologías que tienen que ver hoy con la comunicación. Comunicación que se traduce en ideas pensamientos, deseos, etcétera.

Los medios y las Nuevas Tecnologías de la Información y la Comunicación constituyen modos de apropiación de la realidad, del mundo y del conocimiento. Los lenguajes que manejan estos medios son el resultante de nuevos estilos cognitivos y estructuras mentales destinados a la comprensión y la aprensión de la realidad.

Muchos autores coinciden con la idea de desarrollar en el alumno una actitud crítica frente al mensaje de los medios (juicio crítico). Proponen como meta la "autonomía crítica" que se logra con una educación basada en principios éticos y morales, cuyos fines estén ligados a la reflexión, los valores, y la libertad. Una adecuada educación para los medios y las nuevas tecnologías de la comunicación alcanza su objetivo cuando el estudiante es capaz de crear y desarrollar a través de ellos sus propios mensajes. A su vez, la información divulgada por los medios debe ser comprendida e interpretada en forma autónoma.

Mediante la puesta en práctica de diversas acciones educativas, se logra promover la educación crítica y reflexiva de los medios de comunicación, en los centros de enseñanza.

Reconozcamos que mirar la televisión, escuchar radio o navegar por Internet son actos placenteros asociados con lo sensorial y con lo sentimental. Como consecuencia de esto, la mayoría de las veces se nos dificulta una lectura crítica de lo que vemos, escuchamos y comunicamos, o sea, juzgarla críticamente.

> "La educación en medios debe facilitar el conocimiento, las estrategias, destrezas y actitudes necesarias para la lectura de los textos de forma personal y crítica, a la vez que respuestas activas a los mismos. Es importante que conozcan los nuevos lenguajes de la comunicación que incorporan nuevos códigos de lectura, de comprensión e interpretación, que van más allá de la suma del lenguaje escrito con lo visual, y que suponen por ello una auténtica revolución comunicativa, al aportar una nueva codificación de la realidad, más allá de los propios medios. Engloba también el conocimiento de todo el conjunto de tecnologías de la información y la comunicación que progresivamente van sumándose a la vida diaria, gracias al impresionante avance de la ciencia" (Cabrero Almenara, 2006: 68).

PROPUESTAS Y PRÁCTICAS EDUCATIVAS EN UN ENTORNO DIGITAL

6

La nueva alfabetización

Podemos definir de una manera muy simple la alfabetización como la actividad educativa que se dirige a enseñar a leer y escribir a una persona. Pero debe ser una alfabetización activa, que permita que esa persona pueda utilizar los conocimientos adquiridos en distintos contextos sociales.

Esta alfabetización ya no basta, porque el mundo en el que vivimos es cada vez más complejo y la cantidad de información a la que tenemos posibilidad de acceder es cada vez mayor. La sociedad actual exige que una persona desarrolle nuevas competencias y habilidades para poder ser exitoso en su vida.

Por estas razones, a la necesidad de la alfabetización tradicional se le suma la necesidad de desempeñarse en actividades que requieren el uso de las Nuevas Tecnologías de la Información y la Comunicación para obtener, analizar, procesar, evaluar, sistematizar, presentar y transformar la información. Todas estas acciones que hacen a la capacidad cognitiva del ser humano se convierten en fundamentales para transformar la información en conocimiento. A su vez, este nuevo conocimiento puede ser inmediatamente compartido para generar nuevo conocimiento, y así cambiar la sociedad en que vivimos.

En el contexto de lo que llamamos la "sociedad del conocimiento" debemos más que nunca educar en valores, dado que el conocimiento que se desarrolla puede ser utilizado muchas veces con fines perjudiciales contrarios a la moral y a la ética. Hoy podemos observar cómo los avances en Internet rompen la intimidad familiar exponiendo a los niños y jóvenes a nuevos riesgos que afectan su moral y seguridad.

Por tal motivo, la educación debe plantearse como una educación multidimensional, porque tiene que preparar al alumno para que sea un emisor activo y receptor crítico de la información, fomentando su creatividad y sensibilidad hacia los nuevos lenguajes. A su vez, debe desarrollar la socialización para que tenga una actitud de apertura con libertad de expresión y de rechazo a todo adoctrinamiento desde los medios.

Por ese motivo, es necesario tener en cuenta lo que dice Barroso y Llorente (2007: 92):

> "...a la necesidad de alfabetización tradicional basada en la escritura y lectura (con todo lo que significa en términos de acceso a la cultura), se suma la necesidad de desenvolverse y ser capaz de desarrollar actividades que implican el uso de las tecnologías de la información y la comunicación, además de nuevos lenguajes, especialmente informáticos".

A la alfabetización destinada a transformar la información en conocimiento la llamaremos digital. Una característica importante es el carácter crítico y reflexivo de la alfabetización digital frente a la puramente instrumental, y a la creación multimedia como principio básico de la alfabetización en la era de la información.

El Parlamento Europeo y el Consejo de la Unión Europea publicaron, en diciembre de 2006, una recomendación donde definen las competencias imprescindibles para adaptarse de un modo flexible a un mundo en constante cambio. La competencia digital es clave para que el sujeto pueda ser capaz de usar las computadoras, como se mencionó anteriormente, para obtener, evaluar, almacenar, producir, presentar, intercambiar información y comunicarse, participar en redes de colaboración a través de Internet. Estas son personas a las que podremos llamar "alfabetizadas digitalmente".

De acuerdo con Cabrero Almenara (2006: 12), es necesario que:

- Se domine el manejo práctico del ordenador y de los programas más comunes como un procesador de texto, una planilla de cálculo y una base de datos entre otros, para poder aplicarlos en la solución de problemas de nuestra vida diaria.
- Se posea un conjunto de habilidades específicas que les permitan buscar, seleccionar, analizar, comprender y gestionar la enorme cantidad de información que se encuentra a través de las nuevas tecnologías.
- Se desarrollen valores y actitudes hacia la tecnología con un juicio crítico para tomar de ella lo necesario para el crecimiento personal y de la sociedad, evitando asumir posiciones de fobia a la tecnología o acríticas y sumisas.
- Se utilice la tecnología como medio de intercambio y colaboración con otras personas.

Para adaptarnos a este nuevo escenario y no quedarnos excluidos de la sociedad es necesario estar dispuestos a la capacitación continua para convertirnos en usuarios proactivos de las nuevas tecnologías de la información y de la comunicación.

La Comisión Europea, en una resolución de junio de 2002, afirmó que el aprendizaje permanente debía comenzar en la etapa preescolar y continuar más allá de la edad de jubilación.

Esta revolución producida por el avance de las nuevas tecnologías de la información y de la comunicación también afecta a la escuela donde se desarrolla la actividad educativa. La escuela debe:

- Transformarse y abrir sus puertas a espacios virtuales de aprendizaje para educar a la mayor cantidad de personas, promoviendo además de la educación formal, la no formal.
- Adaptar el currículum para dar respuesta a las exigencias de la sociedad del conocimiento. En su diseño, debe incorporarse como pilar **la educación en valores** para completar una educación integral de la persona.

- Reevaluar las formas de enseñar incorporando, en la medida de sus posibilidades, las nuevas tecnologías de la información y de la comunicación como herramienta de colaboración para mejorar la gestión educativa y facilitar los procesos de aprendizaje.

Acciones hacia una exitosa alfabetización digital

En muchos casos, el esfuerzo individual de una comunidad escolar es la que ha permitido la incorporación de las nuevas tecnologías de la información y de la comunicación en una institución.

Cuando una institución educativa decide implementar un proyecto de incorporación de nuevas tecnologías de la información y de la comunicación, debe partir de una exhaustiva evaluación de su realidad. Los criterios a tener en cuenta son:

- Los objetivos y contenidos a alcanzar.
- Los medios tecnológicos que posee la institución.
- La situación económica-financiera de la institución.
- La predisposición del cuerpo docente hacia el uso de la tecnología.
- Las necesidades de capacitación.
- El grado de conocimiento de los estudiantes, y su diferencias cognitivas, para poder seleccionar la tecnología que proporcione una respuesta a las necesidades individuales de los alumnos.
- Posibilidades de expandir el uso de los recursos más allá del horario escolar con la finalidad de ofrecer capacitación no formal a la comunidad y como fuente de financiación del proyecto.

También se debe considerar qué posibilidades brindan las tecnologías que se incorporan, como ser:

- Interactividad.

- Interconexión.
- Multimodalidad.
- Simplificación de procesos.
- Simulación.
- Ruptura de la linealidad expresiva.

El modelo de incorporación de las nuevas tecnologías de la información y de la comunicación debe basarse en:

> "La indagación reflexiva y guiada a través de proyectos que incorporan destrezas y conceptos complejos y que generan productos complejos,
>
> Programas basados en problemas auténticos y situaciones del mundo real,
>
> El uso de modelos y de la visualización como medios eficaces de tender un puente entre la experiencia y la abstracción,
>
> La creación de un significado colectivo por parte de los alumnos a través de los diferentes puntos de vista sobre las experiencias compartidas,
>
> La mezcla de comunidades de aprendizajes reales y virtuales mediante el uso de instrumentos avanzados similares a los que se emplean en ámbitos laborales de alta tecnología,
>
> La colaboración entre alumnos para llevar adelante experiencias de aprendizajes generar conocimientos y,
>
> El logro de un rendimiento satisfactorio por parte de todos los alumnos, mediante medidas especiales para ayudar a los que tienen dificultades y problemas particulares.
>
> Para que este modelo se lleve a cabo es importante:
>
> 1- reconceptualizar los roles, los conocimientos y las destrezas de los docentes,
>
> 2- establecer asociaciones entre docentes, padres, trabajadores, expertos y la comunidad,
>
> 3-fomentar una reforma sistemática que afecte simultáneamente los programas de estudios, la pedagogía, la evaluación, los incentivos, la organización y el manejo de las escuelas" (Dede, 2000: 21).

Los valores como objeto material de la ética dentro de la alfabetización digital

El objeto material de la ética está relacionado con las acciones humanas y los conceptos que se refieren a la acción son el bien moral, la norma y la virtud.

Es necesario trabajar para que la ética oriente las acciones cotidianas y la escuela es un ámbito propicio. La reflexión sobre la ética debe ser una preocupación constante en el docente.

Es necesario realizar un análisis de la realidad como vehículo para formar en la responsabilidad y el bien común. También es preciso crear una conciencia autocrítica de las actuaciones dentro del accionar cotidiano.

Se hace imprescindible la formación permanente para tratar los conflictos éticos, identificando las causas y las posibles vías de abordaje. Esto es importante a tener en cuenta ya que la sociedad de la información se rige por los criterios de la masificación, de producción y de consumo.

En el marco de elaboración del proyecto de alfabetización digital debemos incorporar estos conceptos para enseñar a hacer un uso ético y constructivo de la tecnología difundiendo valores.

Propuestas para enseñar valores en el marco de la alfabetización digital

Como docentes no debemos estar ajenos a la realidad con que nos enfrentamos y se enfrentan nuestros alumnos día a día. Podemos pensar en guerras declaradas, ecología, problemas sociales, nuevas tecnologías, catástrofes naturales. Esto nos pesa y lamentablemente desde muy pequeños, los niños van cargando estas mochilas y asimilando problemáticas cercanas a ellos o lejanas, pero igual de traumáticas.

Por esta razón los encargados de la educación deben servir a la sociedad y al individuo en particular. ¿Qué cambios son requeridos en la educación para adecuarse a los nuevos escenarios y cómo la tecnología puede colaborar? Reiteradamente se ha formulado esta pregunta en busca de respuestas desde lo antropológico, social, mediático y pedagógico. Ahora bien, es importante dejar el marco teórico y volcarnos a plantear propuestas concretas para llevar acabo los objetivos planteados.

Podríamos pensar en un cambio de los diseños curriculares para incluir temas de actualidad, y a través de ellos impulsar una educación en valores. Esta acción permitiría una toma de conciencia crítica para contrarrestar una actitud o pensamiento equívoco frente a temas conflictivos, violentos o de interés y actualidad.

Algunos temas para desarrollar podrían ser:

- **Educación para la paz**. La violencia está en todas partes, y ahora también llegó a las aulas. Por esta razón hay que trabajar junto a los alumnos temas que propicien un ambiente de paz y armonía tanto en el colegio como en los lugares que ellos frecuencias, Algunas de las virtudes podrían ser la tolerancia, la responsabilidad, honestidad, lealtad.
- **El aprendizaje intercultural**. Utilizar la tecnología para comunicar culturas diferentes y distantes.
- **La educación en medios**. Enseñarles a los alumnos a que sean selectivos en la elección de productos mediáticos.
- **Ecología y medio ambiente**. Utilización de simuladores para enseñar a resolver problemas de contaminación ambiental desde una visión sistémica. Aplicación de plataforma Web 2.0 para promover el trabajo cooperativo y colaborativo.

Planificar con tecnología y creatividad

Con el surgimiento de la psicología cognitiva los docentes están cada vez más interesados en auxiliar a sus alumnos a desarrollar estrategias de pensamiento. Delacote, en su libro *Enseñar y Aprender con nuevos métodos* señala que: "ignorar la arquitectura y la dinámica cognitivas de los que aprenden equivale a practicar la medicina sin tener en cuenta conocimientos de biología molecular y celular".

Mavilo Calero Perznos propone hacernos las siguientes preguntas, ¿Cómo desarrollar capacidades para aprender a conocer? ¿Cómo desarrollar habilidades para aprender a hacer? ¿Cómo desarrollar actitudes y valores para aprender a ser? Y ¿cómo aprender a vivir juntos? Estas preguntas se extrajeron de los principios educativos de "Los cuatro pilares de la Educación", recogidos en el Informe Delors (Comisión Internacional para la Educación del Siglo XXI)

Los principios educativos se fundamentaron a partir de los resultados que arrojaron las preguntas anteriormente mencionadas. Empresarios y pensadores relacionados con la educación e integrantes de la Comisión hicieron sus aportes para orientar desde su experiencia el rumbo en esta materia.

Los enunciados básicos nos remiten al postulado "aprender a aprender" (académicos informativos), aprender haciendo (académicos prácticos), y el "aprender a ser".

La Teoría de las Inteligencias Múltiples de Howard Gardner podría adaptarse a los principios educativos que surgen de los postulados estipulados por la Comisión Internacional:

- Inteligencia Lingüística.
- Inteligencia Lógico-matemática.
- Inteligencia Espacial
- Inteligencia Corporal-kinésica.
- Inteligencia Musical.
- Inteligencia Interpersonal.
- Inteligencia Intrapersonal.

Un currículo con herramientas tecnológicas y múltiples inteligencias puede convertirse en una opción flexible y muy versátil, ya que los alumnos podrán encarar sus actividades con una mayor libertad y adaptarlos a sus intereses y múltiples formas de aprender.

El especialista Thomas Amstrong sostiene:

> "Cada inteligencia, de hecho, brinda un contexto para plantearse algunas preguntas difíciles sobre estos factores, que promueven el aprendizaje o interfieren con él, y sobre aquellos elementos que están ausentes en el aula pero podrían incorporarse para facilitar el progreso de los alumnos" (Amstrong, 2007:120).

Asimismo, Grace E Smith y Stefhanie Throne en su libro *Deffierentiating Instruction whith Technology* (2007: 69) aclara que podemos expandir nuestro kit de herramientas para la enseñanza modificando nuestra didáctica acorde con la variedad de estilos de aprendizaje. Los estudiantes no necesariamente tienen que aprender de la forma en que nosotros lo hacemos. Estas autoras hacen hincapié en la necesidad que tiene el docente de modificar sus estrategias de acuerdo con los estilos de aprendizaje visual, auditivo, táctil y kinético.

Podríamos preguntarnos para qué sirve, y por qué elegir esta teoría en particular al momento de desarrollar las actividades de clase. Es importante, porque de esta manera estaremos contribuyendo al desarrollo de otras inteligencias y potenciando las que ya están desarrolladas.

En general, nos asombramos de las habilidades que tienen nuestros alumnos cuando por alguna circunstancia, nos toca compartir otras materias o actividades escolares fuera de lo que es nuestra materia. Esto también nos llama a la reflexión sobre la importancia de que estemos vinculados con nuestros alumnos en otros ámbitos de la escuela y con nuestros colegas de otras materias.

El uso de la tecnología nos brinda variedad de recursos para articular unidades didácticas versátiles, entretenidas, y tendientes a que los alumnos usen diferentes inteligencias. A lo largo de este libro se hizo hincapié en el conocimiento integral de nuestros alumnos para formular objetivos acordes a una enseñanza personalizada.

Estas son algunas de las páginas Web que podrán consultar sobre los temas planteados:

www.unesco.org/education/pdf/DELORS_S.PDF - Francia

es.scribd.com/...com/d/5783765-Los-cuatro-pilares-de-la-educacion

www.slideshare.net/.../teora-de-las-inteligencias-mltiples-de-howard-...

La tecnología ofrece diferentes rangos de posibilidades: búsquedas en la Web, creación de base de datos, planilla de cálculo, mapas mentales y redes conceptuales, programas de simulación, editores, procesador de texto, cámara digital, proyectos *online*, sitios Web colaborativos, diarios y electrónicos porfolios.

Los docentes pueden elegir distintas alternativas sobre el software y los sitios Web. Por ejemplo, la planilla de cálculo y el software de lógica favorecen la Inteligencia Lógico-matemática. Por otra parte, el procesador de texto es una elección apropiada para la Inteligencia Lingüística-verbal, mientras que el software de pintura y dibujo es una buena elección para ayudar a desarrollar la Inteligencia Espacial. Y así sucesivamente.

El catálogo de ayuda a la creatividad que nos propone Mavilo Calero Pérez (2009:120) es una guía que nos puede ser de utilidad. El autor menciona algunos consejos para que los docentes tengan en cuenta antes de la planificación de las unidades didácticas de sus alumnos:

- Proporcionarles materiales que inciten a la imaginación.
- Facilitarles recursos que enriquezcan su fantasía.
- Dejarles tiempo para pensar y soñar despiertos, no atosigarlos con ocupaciones formales.
- Animarlos a que expresen sus ideas, cuando tienen algo que decir.
- Apreciar la auténtica individualidad en lugar de sancionarla.

Este último consejo sintetiza lo que se recalca continuamente en el capítulo, sobre la necesidad de conocer y respetar la individualidad de nuestros alumnos para inclinarnos hacia una enseñanza personalizada.

Jean Piaget sostuvo que: "El principal objetivo de la educación es crear individuos capaces de hacer cosas nuevas y no simplemente de repetir lo que hicieron otras generaciones: individuos creativos inventivos y descubridores, cuyas mentes puedan criticar, verificar, verificar y no aceptar todo lo que se les ofrezca".

La Tecnología adaptada a las Inteligencias Múltiples

A continuación se listarán algunos software y buscadores de Internet que activan las inteligencias múltiple

Es beneficioso acceder a plataformas como Wixi (Tech4learning) www.tech4learning.com/En caché -similares o plataformas gratuitas como www.thinkquest.org/es/, para que los alumnos puedan, desde la escuela, su casa o cualquier otro lugar estar conectados con sus compañeros, los docentes, amigos, padres, sin preocuparse por llevar *pendrive* o su computadora portátil. Solo es necesaria una conexión de internet a un servidor, y los servicios pueden ser utilizados por cualquier persona, sin necesidad de tener conocimiento de informática o experiencia.

Esta experiencia le permitirá al docente poner en práctica muchas de las inteligencias planteadas por Gardner. En ese sentido, la Web 2.0 también es muy versátil para encarar actividades como son las Web Quests, Caza del Tesoro.

www.aula21.net/tercera/introduccion.htm

www.aula21.net/cazas/ejemplos.htm

A modo de ejemplo se mencionan, a continuación, algunas aplicaciones clasificadas según el tipo de inteligencias.

Inteligencia Lingüística

- Microsoft Word
- Inspiration
- Kidpiration
- Publisher
- Timeliner
- Cmapstools

Inteligencia Lógico-matemática

- Excel Microsoft
- Kispiration 3
- The Graph Club 2.0
- NeiborhoodMap Machine 2.0
- Geup 5
- Inspire Data

Inteligencia Espacial

- Frames
- Pixiel

Inteligencia Interpersonal

- Wixie
- Redes Sociales

Inteligencia Intrapersonal

- Google Earth
- Google Maps
- Google Art

Inteligencia Corporal-kinética

- Lego Logo

Modelo de planificación a partir de un mapa mental considerando las Inteligencias Múltiples

Los organizadores gráficos como el mapa mental o conceptual es una herramienta útil para planificar las unidades didácticas, puesto que permite visualizar el avance de la planificación, tener una vista general de las actividades, y el uso del color dentro del concepto nos ayudará a identificar las diferentes inteligencias.

Una propuesta útil puede ser la de aplicar un color o una forma determinada al concepto relacionado con la inteligencia asignada.

Por ejemplo:

1. Inteligencia Lingüística: 
2. Inteligencia Lógico-matemática: 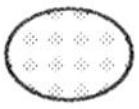
3. Inteligencia Espacial: 
4. Inteligencia Intrapersonal: 
5. Inteligencia interpersonal: 
6. Inteligencia corporal – kinética: 

Se le asignó el color gris a las actividades tecnológicas o un relleno con líneas verticales. 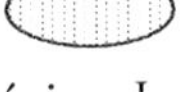 El uso de la tecnología es fundamental en esta propuesta pedagógica. Los colores correspondientes a los conceptos se seleccionaron al azar; por lo tanto, cada docente puede elegirlos de acuerdo a su criterio.

La evaluación no está establecida en las actividades que en este capítulo se proponen, porque cada institución tiene un sistema prefijado de evaluación.

Ejemplos de Unidades Didácticas1

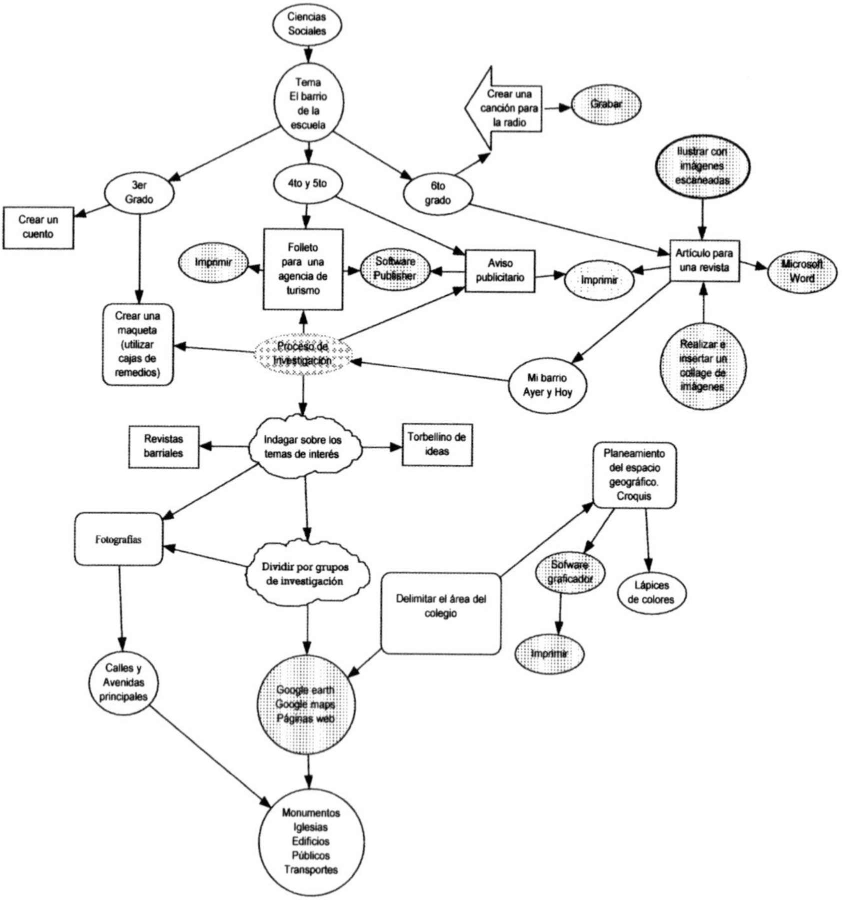

1 Los mapas conceptuales de este capítulo pueden ser descargados de la página Web del libro alojada en http://virtual.alfaomega.com.mx/.

Proyecto: El barrio de la escuela

Tema: Ciencias Sociales

Curso: 3º Grado.

Actividades:

- Crear una maqueta (utilizando cajas de medicamentos).
- Inventar un cuento.
- Software: Word o cualquier otro programa que permita la escritura.

Curso: 4º y 5º Grado.

Actividades:

- Diseñar un folleto para una agencia de turismo.
- Crear un aviso publicitario.
- Software: Publisher.

Curso: 6º Grado.

Actividades:

- Escribir un artículo para una revista, *Mi barrio. Ayer y hoy* (insertando imágenes escaneadas de revistas o páginas Web).
- Crear una canción y grabarla.
- Indagar sobre los temas a través de un torbellino de ideas.
- Dividir a los grupos según el interés de los alumnos.
- Investigar los principales monumentos, edificios públicos, iglesias, medios de transportes, calles y avenidas principales del barrio en Google Maps, Google Earth, o en otras páginas Web. También se puede investigar en revistas barriales o fotografías.

- Realizar un croquis del espacio geográfico (programa de gráfica o lápices de colores).

Este proceso de investigación puede ser utilizado para los alumnos de 4º, 5º y 6º.

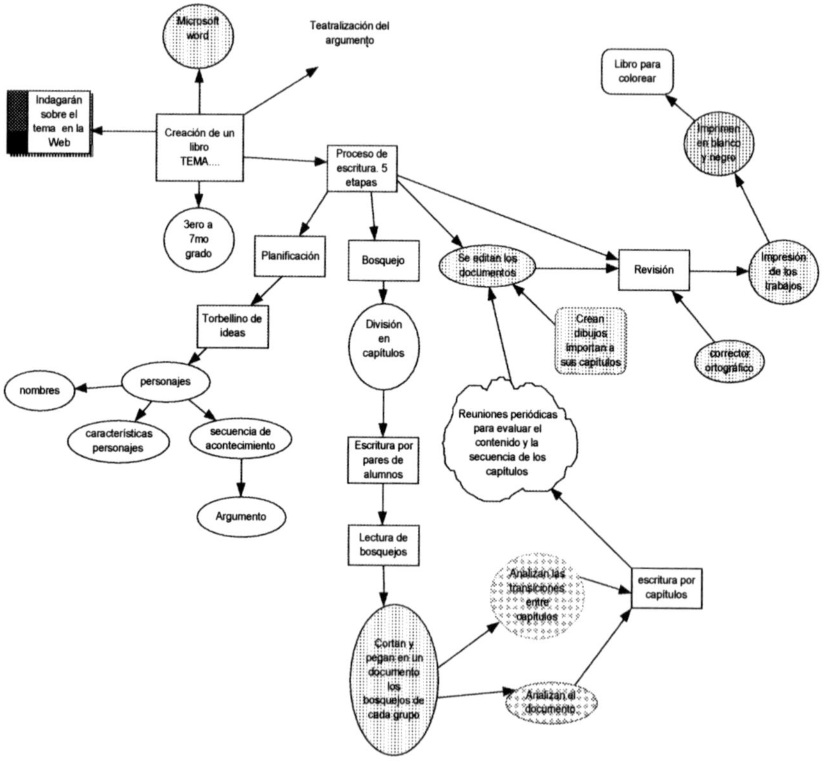

Proyecto: Creación de un libro

Tema: a elección

Curso: desde 3º hasta 7º Grado.

Objetivos:

- Indagar sobre el tema elegido en Internet.
- Aprender a utilizar el software Microsoft Word.
- Desarrollar el proceso de escritura.

Actividades:

- Planificación: torbellino de ideas para definir personajes, nombres, características.
- Bosquejo: división en capítulos, lectura de bosquejo, análisis de los documentos.
- Escritura: se analiza la transición entre los capítulos. Se procede a la redacción de cada capítulo.
- Revisión: control periódico del argumento y la ortografía.
- Edición: momento de composición de los trabajos.
- Impresión de los trabajos.

Algunas actividades adicionales:

- Los trabajos se pueden imprimir en blanco y negro para convertirlos en un libro para colorear.
- Se pueden insertar dibujos en los cuentos con un programa de gráfica.

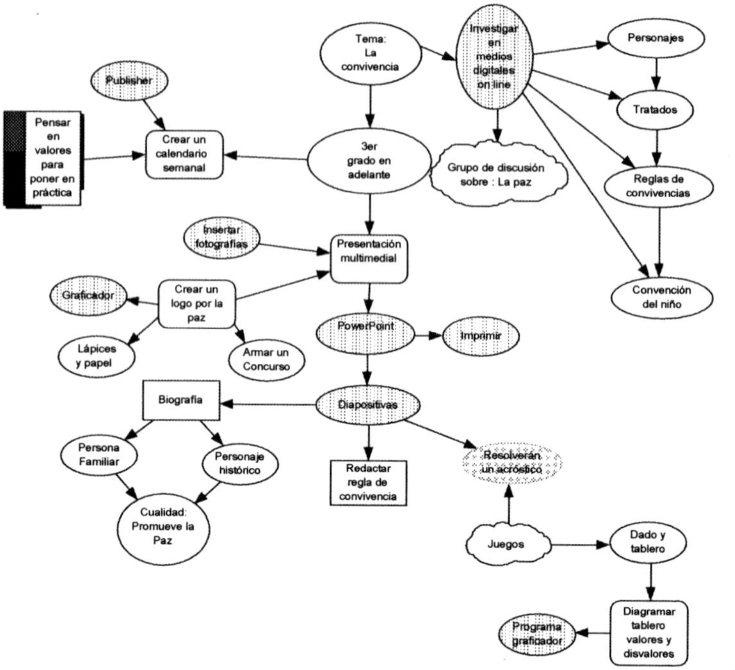

Proyecto: La convivencia

Curso: desde 3º Grado en adelante.

Modalidad: Presentación multimedial.

Objetivos:

- Aprender a utilizar los software: Power Point, Paint, Publisher etcétera.
- Crear diapositivas.
- Investigar sobre la biografía del personaje histórico o familiar que promueva armonía en el ámbito familiar con su actitud.

- Redactar reglas de convivencia.
- Resolver un acróstico.

Actividades:

- Diseñar un calendario semanal con propuestas que generen paz en el ámbito de convivencia.
- Investigar en medios digitales *online*: personajes, tratados, reglas de convivencias, Convención de los Derechos del Niño.
- Crear grupos de discusión en torno al tema de "La paz".
- Diagramar un tablero de juego, incluyendo valores y desvalores. El juego consistirá en tirar un dado y cuando caiga en un valor se aumentará los casilleros según el número del dado. Por el contrario, si cae en un desvalor, retrocederá tantos casilleros como lo indique la tirada. Crear un logo por "La Paz", realizando un concurso.
- Se pueden utilizar lápices de colores o material concreto para realizar algunas de las actividades.

EXPERIENCIAS PEDAGÓGICAS 7

Proyecto: El calentamiento global – Responsabilidad de todos, utilizando la plataforma Think.com

Introducción a la experiencia

El proyecto pedagógico denominado "Calentamiento Global. Responsabilidad de todos" fue el medio utilizado para realizar el trabajo de campo. La investigación fue cualitativa y a la vez cuantitativa; sus instrumentos fueron encuestas a docentes y alumnos que permitieron hacer cruzamiento de datos para alcanzar las conclusiones expuestas más adelante.

La investigación realizada propone demostrar cuáles fueron los pilares fundamentales que sostienen la hipótesis que se plantea. Educar es un arte y por lo tanto exige el empleo de una serie de instrumentos o herramientas necesarias, que faciliten la realización de la obra de arte.

Así como para el artesano su meta es finalizar la obra, la voluntad del docente debe volcarse en obtener la educación integral de los alumnos. Esta obra no puede quedar inconclusa, y para ello hay que echar mano a instrumentos aptos para tal fin, acordes al público que la va a valorizar, y al ámbito donde estará expuesta. Estos instrumentos podrían denominarse "instrumentos de las buenas obras", por ser los facilitadores para llevar a cabo la formación de los alumnos en valores.

Los instrumentos aplicados en el trabajo de campo para demostrar la hipótesis son: Internet Web 2.0 y los principios educativos de una enseñanza personalizada. Internet, el primero de los instrumentos, nos brinda un sin fin de posibilidades, y un enorme potencial para adquirir información y comunicarnos a través de su red global. Para los alumnos es un entorno familiar, por lo tanto sencillo y a la vez muy motivador. El segundo de los instrumentos, una metodología rica y atemporal porque plantea el fundamento de su teoría en los principios educativos a partir de las notas del ser humano, de ahí su nombre enseñanza personalizada.

El fin esencial que persigue la enseñanza personalizada es facilitarle al sujeto la posibilidad de conocer su potencial para conducirse a sí mismo en la vida.

Al respecto, García Hoz dice:

> "La educación personalizada se apoya en la consideración del ser humano como persona y no simplemente como un organismo que reacciona ante estímulos del medio, sino, principalmente como un ser escudriñador y activo que explora y cambia el mundo que lo rodea" García Hoz (1981a:23).

¿Por qué el tema elegido es el calentamiento global para llevar a cabo la experiencia pedagógica?

Víctor García Hoz define al ser humano como escudriñador activo que explora y cambia el mundo que lo rodea. Esta mirada nos conduce a reflexionar sobre el hombre activo que bucea en su ser interior y los cambios que operan en él y en el mundo que lo circunda. El hombre se encuentra alerta frente a los cambios y fenómenos que le acontecen desde el ámbito de la cultura, lo social y la naturaleza que lo rodea.

La naturaleza que lo rodea, es un medio activo donde se suscitan cambios, pero con un cierto equilibrio que la armoniza. Cuando ese equilibrio es interrumpido por la mano del hombre, la naturaleza se desordena y deviene el caos.

En ocasiones, aunque cada vez con más frecuencia, la mano del hombre opera negativamente sobre la naturaleza, dejándose llevar por la avaricia, la negligencia, el egoísmo, sin importarle siquiera el medir las consecuencias nefastas, producto de un accionar equívoco.

En este sentido, el calentamiento global es un tema de gran actualidad que repercute en la vida de los alumnos. Ésta fue la razón que los motivó y movilizó para encarar la investigación con gran interés.

El Aprendizaje Basado en Proyectos con este tipo de temática les permite que se enfrenten a situaciones de la vida real, cuyos objetivos son experimentar situaciones nuevas, ejercer la libertad en la toma de decisiones, debatir, defender una postura para comunicarla a los demás y mucho más. Este planteo les será útil en la medida que trascienda lo puramente curricular para avanzar sobre los valores involucrados.

El Aprendizaje Basado en Proyectos es una metodología muy versátil porque brinda un espacio donde el proceso enseñanza-aprendizaje se desarrolla con cierta flexibilidad, manifiesta en la organización, en el ámbito de los contenidos, en el ámbito cognitivo y en las formas de aprendizaje y socialización.

El objetivo central de la enseñanza es la autonomía, la disposición al estudio, el compromiso de los propios estudiantes para realizar la tarea. Una enseñanza abierta y flexible no implica caos o anarquía. Recientes investigaciones neuropsicológicas sobre el aprendizaje demostraron que en este sistema se desarrollan nuevas estructuras mentales.

El proyecto "El Calentamiento Global. Responsabilidad de todos" se centró en la aplicación de estrategias y medios para adquirir conceptos nuevos, desarrollar habilidades, y lograr resultados. Para ello, se utilizaron la búsqueda de información, el trabajo cooperativo, realización de mapas mentales y foros de discusión.

La creatividad y la interactividad entre los miembros, docentes y alumnos fueron los principios sustentables a lo largo de este proyecto. La creatividad dice García Hoz es una característica esencial de la singularidad del hombre puesto que es "el quehacer más propio" y más completo de la enseñanza personalizada.

Con respecto a la socialización, reconocemos que el hombre es un ser sociable y necesita de la interacción con los demás para desarrollar eficientemente su personalidad. Tanto el niño como el joven son capaces de colaborar con los demás en la vida social, y especialmente en el mundo del trabajo, en las relaciones familiares, en las relaciones de amistad.

El papel docente y las herramientas de la Web 2.0 suministradas por la plataforma *Think.com* favorecieron el desarrollo de la singularidad que le es propia a cada ser humano y que nos hace irrepetibles. En el proceso de aprendizaje, los tiempos para asimilar conceptos y adquirir habilidades difieren entre un alumno y otro, ya sea por problemas psíquicos, físicos o estilos de aprendizaje (como el visual, táctil o auditivo) que se adaptan más a su forma de ser. Estos factores marcan la individualidad de los alumnos, y la plataforma *Think.com*, junto a las actividades planteadas en el proyecto, pudieron cumplir con una enseñanza más personalizada y modificar el estilo docente con una capacitación previa.

Por último, la temática planteada permitió ahondar en valores que estimulen el desenvolviendo espiritual de la persona (niños y jóvenes) para que el hombre no sea un mero agente productor de bienes y servicios o una unidad numérica. Y para completar el concepto, en el marco de la alfabetización digital, Víctor García Hoz en su libro *Educación personalizada* dice:

> "...pero lo más importante es que sepan utilizar la técnica y contribuir a su desarrollo personal, al mismo tiempo que conservan y desarrollan su libertad personal, cooperando para lograr una sociedad más justa desarrollando su libertad, que trascienda el trabajo para encontrarse con el mismo y que la técnica no sea un fin en sí mismo sino un medio".

Experiencia pedagógica: El calentamiento global. Responsabilidad de todos

Esta experiencia pedagógica se llevó a cabo a través de una alianza entre Futurekids (institución educativa), Oracle Foundation (propietario de la plataforma Think.com) y la Asociación Civil Sembrar Valores, para trabajar en forma conjunta.

La propuesta se definió a partir de un plan curricular basado en la utilización de la tecnología Think.com en torno a los valores humanos, la responsabilidad, la solidaridad, el respeto, el optimismo, la perseverancia y la honestidad, entre otros. Además, se promovió el uso de Internet en forma ética como medio para la comunicación de estos valores a la comunidad global de la red Think.com, y para defender y valorar la propiedad intelectual.

Instituciones involucradas

- **Fundación Oracle**: puso a disposición la plataforma Think.com en cada escuela participante.

- **Futurekids**: capacitó en la plataforma a los docentes involucrados en el proyecto. Realizó el seguimiento de las diferentes etapas para que el proyecto concluyera con éxito.

- **Sembrar Valores Asociación Civil:** capacitó a los docentes en las diversas actividades que debieron realizar en el aula para que los alumnos produjeran los contenidos en torno a los valores través de una página digital. Su fuerte es el trabajo editorial, porque son los creadores de una revista cuya temática se relaciona con la familia.

Características del proyecto

El calentamiento global es un tema muy popular y de muchísima actualidad. Se trata en los diferentes ambientes en los que se desenvuelven los alumnos. La producción de una revista digital con el uso de la plataforma Think.com permitió profundizar el tema haciendo hincapié en sus causas y consecuencias, para que al mismo tiempo se interioricen y trabajen los valores involucrados.

El debate, la investigación, la argumentación y la realización de notas brindaron espacios de gran utilidad para generar conciencia crítica en los alumnos.

Los docentes fueron capacitados en el uso de la plataforma y se les brindó estrategias para realizar el trabajo de integración curricular.

Los alumnos utilizaron la plataforma para plasmar los contenidos generados en las horas curriculares de informática y Ciencias Naturales. Los docentes, a través de clases activas y dinámicas, desarrollaron una actitud participativa en los alumnos. Se formaron duplas pedagógicas que involucraron al docente de Ciencias Naturales y al docente de Informática. Ambos trabajaron en forma conjunta para desarrollar las actividades propuestas y plasmar los contenidos en la plataforma.

Estos dos responsables del proyecto podían involucrar, en el caso de creerlo conveniente e enriquecedor, a profesores de otras materias, como Lengua o Ciencias Sociales. Estos últimos podían aportar su visión en la implementación del proyecto.

Población y muestra

El universo seleccionado para realizar esta experiencia pedagógica fue de 30 colegios, en su mayoría de gestión privada, de nivel socio-económico medio a medio-alto. La convocatoria se extendió a colegios de la Ciudad Autónoma de Buenos Aires, pero también del interior del país, con asiento en Córdoba, Entre Ríos, Tucumán y Buenos Aires. Agregó gran valor al proyecto el intercambio intercolegial. Las docentes responsables para llevar adelante el proyecto fueron dos (pareja pedagógica) por colegio. Por lo tanto, el total de docentes que participaron de la capacitación fue de 60, en 30 parejas pedagógicas.

Participaron 900 alumnos de Educación General Básica y Polimodal.

Etapas del proyecto

Para una mejor comprensión de la organización y desarrollo de este proyecto, se realizará a continuación una breve descripción de las distintas etapas.

FASE I: CONVOCATORIA – Julio

La convocatoria se realizó mediante correo electrónico a la base de datos de los colegios de las provincias participantes. En la carta se detallaron los beneficios que obtendrían los docentes, los alumnos y la institución por participar del proyecto.

A continuación se detallan los beneficios:

Beneficios para el colegio participante

- Capacitación de los docentes en las nuevas tecnologías y en el marco conceptual para el trabajo práctico en torno a valores.
- Implementación productiva de las nuevas tecnologías para la formación en torno a valores.
- Integración de las nuevas tecnologías a la currícula, como en este caso con la cuestión del calentamiento global.

Beneficio para el docente

- Capacitación para el uso de la plataforma Think.com.

- Capacitación para la integración curricular utilizando las nuevas tecnologías de la información y de la comunicación.
- Capacitación en la problemática del calentamiento global. Causas, consecuencias y posibles soluciones.

Beneficio para el alumno

- Desarrollo de habilidades para el uso de plataformas interactivas en Internet, aplicación de la Web 2.0 y aprendizaje de nuevos programas informáticos.
- Generar conciencia crítica frente a uno de los problemas más graves que tiene hoy nuestra Tierra.

FASE II: CAPACITACIÓN – Agosto

La capacitación de las parejas pedagógicas se realizó en una Institución Católica, en una jornada de ocho horas para alcanzar los siguientes objetivos:

Objetivo de la capacitación en think.com dictada por Futurekids

- Enseñar a usar las distintas herramientas de la llamada WEB 2.0.
- Aplicar Think.com para aprovechar todas las herramientas de producción y comunicación que ofrece.
- Aprender cómo dar de alta una escuela y el uso de las herramientas de administración que ofrece Think.com.
- Practicar en máquina las herramientas de Think.com con la temática del proyecto.
- Desarrollar el juicio crítico para hacer un uso ético de las tecnologías.

- Fomentar el uso creativo de la tecnología para lograr una mejor comunicación de las ideas que se pretenden difundir.

Objetivo de la capacitación dictada por Sembrar Valores

- Concientizar a los docentes sobre la problemática del calentamiento global.
- Desarrollar modelos de integración de las nuevas tecnologías de la información y de la comunicación con los valores.
- Promover el trabajo colaborativo y cooperativo en el aula.

FASE III-IMPLEMENTACIÓN – Septiembre/Octubre

La duración de la experiencia fue de ocho semanas.

- **Semana 1.** Presentación del proyecto.
- **Semana 2**. Percepción: ¿Cómo percibimos en la vida cotidiana las consecuencias del calentamiento global?
- **Semana 3**. Investigación: ¿Qué se dice respecto del tema? ¿Qué opinan los especialistas? ¿Qué opinan las fuentes consultadas? (utilización de la entrevista).
- **Semana 4**. Debate: ¿Qué opinamos luego de investigar? ¿Qué lugar ocupan los valores?
- **Semana 5**. Noticia: armamos una noticia con las principales causas del problema.
- **Semana 6**. Columna de opinión: reflexión personal sobre el tema.
- **Semana 7**. Collage: plasmamos gráficamente (fotografía/ilustración) y con sonidos lo que pensamos.
- **Semana 8**. Cierre: conclusiones con respecto al tema y la experiencia.

Durante las semanas de implementación, los capacitadores responsables de Sembrar Valores y Futurekids, estuvieron a disposición de la dupla pedagógica de cada colegio, respondiendo consultas por correo electrónico, *chat* y a través de la sección "preguntas y respuestas" de la plataforma. Se realizaron visitas a los colegios para supervisar la marcha del proyecto.

La coordinadora general fue Marcela Guerra por parte de Futurekids, y Florencia Allub por parte de Sembrar Valores. Cada colegio contaba con una coordinadora que participaba del proyecto y estaba personalmente junto a los docentes por lo menos una vez por semana.

FASE IV-EVALUACIÓN: Noviembre

El proceso de evaluación de los trabajos se realizó teniendo en cuenta la rúbrica en Anexo Nº 10.

Descripción general del proyecto

Actividades que conformaron el proyecto

El gran desafío fue motivar a los docentes para que se integren al proyecto. Cuando se plantean proyectos con integración de las nuevas tecnologías de la información y de la comunicación, los docentes son resistentes a implementarlos por falta de una capacitación adecuada en el uso de este tipo de herramientas. Por esta razón, en la etapa de diseño del proyecto se planteó implementar la siguiente modalidad de trabajo:

Formación de parejas pedagógica por colegio, conformadas por un docente del área de informática y un docente del área curricular a integrar. El objetivo de trabajar con pareja pedagógica fue sumar fortalezas y compensar debilidades.

- Capacitación docente en el uso de la plataforma Think.com,

- Formación específica en el tema del calentamiento global y en el rol de los valores involucrados.

Entre los colegios participantes del proyecto existía una gran heterogeneidad con respecto al conocimiento de las nuevas tecnologías de la información y de la comunicación. En aquellos casos en los cuales la formación previa era básica, la facilidad de uso de esta plataforma fue fundamental para motivar a docentes y alumnos a realizar el proyecto. Se habituaron fácilmente a revisar sus páginas personales en busca de *stickers*, sus correos y las páginas del docente, y del proyecto para actualizarse en cuanto a nuevas actividades, fechas y modos de entrega.

Los docentes no informáticos tuvieron mayor dificultad para trabajar en forma autónoma con la plataforma y requirieron con mayor asiduidad la asistencia del docente informático.

Trabajar en equipo suscitó relaciones interpersonales en las que no solo importaron la capacidad o el conocimiento de los participantes, sino también los valores morales de los integrantes.

Tener que redactar un informe puso a los alumnos definitivamente en tema, ya que para lograrlo tuvieron que leer e interiorizarse sobre el calentamiento global.

El publicar sus actividades, especialmente el informe y el artículo periodístico, dio lugar a amplios debates sobre los derechos de autor, el plagio y la copia de contenidos. Se aclaró que sólo se calificarían y admitirían trabajos de producción personal, ya que ellos (con sus usuarios de la plataforma) figurarían como autores para la comunidad educativa. Esto constituyó una lección muy significativa para los alumnos, ya que, debido a las costumbres de nuestra sociedad, no suelen valorar la propiedad intelectual.

La realización de una red de ideas o mapa mental permitió determinar los conceptos principales involucrados, y en algunos casos, los docentes motivaron a sus alumnos para que los conviertan en mapas conceptuales, siendo este instrumento de mayor valor cognitivo, toda vez que permite evaluar el conocimiento representado gráficamente.

Hacer un video les permitió expresar su creatividad y, lo que es más importante, elaborar una idea acordada por el grupo de trabajo para compartir con la comunidad global.

Previamente a la realización del debate se proyectó por Internet la película *La gran estafa del Calentamiento Global*, en la que se desmienten las teorías convencionales que ponen la actividad humana como principal riesgo y se apunta a que todo se reduce a un fenómeno natural previo a una glaciación. Esta actividad promovió el desarrollo del juicio crítico en los alumnos, al tener que elegir una postura y defenderla ante sus pares y el docente.

Descripción de la Plataforma Think.com

La plataforma Think.com permite a sus usuarios convertirse en autores de proyectos multimediales, interactuar a través de Internet en la realización de proyectos colaborativos, construir conocimiento en conjunto y publicar sus propias ideas. Si bien es una plataforma de acceso gratuito, tiene la ventaja de ser una comunidad de aprendizaje protegida que permite solo el ingreso de las escuelas registradas en *Oracle's Education Foundation*, las que a su vez habilitan el ingreso de sus alumnos a través de un proceso controlado.

Los proyectos son organizados por materias para facilitar su búsqueda. La plataforma cuenta con tres categorías de herramientas para la creación de contenidos:

1. **Escritura**: permite publicar texto en sus páginas Web de forma muy sencilla.
2. **Multimedia y más**: permite acceder a las herramientas de imágenes, archivos, multimedia, lista e imágenes en miniatura.
3. **Intercambio**: permite publicar un foro interactivo en la página Web, cuyas opciones son: panel de mensaje; pregunta personal, debate, foro de idea y voto.

La plataforma habilita para crear una página para padres con el objeto de facilitar la comunicación entre el hogar y la escuela.

Actualmente, esta plataforma se llama ThinkQuest y puede visitar su página Web en www.thinkquest.org/es/.

Los instrumentos de evaluación

El instrumento utilizado fue una encuesta destinada a los docentes y a los alumnos, que calificaremos como "Diferencial semántico". La encuesta realizada a los alumnos puede dividirse en partes para favorecer la ponderación del instrumento. Los primeros ocho ítems miden el grado de satisfacción de los alumnos con respecto a las actividades propuestas sobre el calentamiento global. La segunda parte (los tres ítems subsiguientes) corresponde a la utilización de la herramienta, Plataforma Think.com, con todas las posibilidades que ella brinda. El último ítem de la encuesta aborda las variables correspondientes a valorar la posibilidad de interactuar con alumnos de otras instituciones del país.

Al pie de la encuesta se formula la siguiente pregunta abierta: ¿qué valores te parecen importantes de comunicar a la sociedad, luego de haber trabajado en este proyecto? La respuesta nos permite evaluar si los alumnos comprendieron el fin trascendental que persiguió este proyecto.

Las docentes respondieron una encuesta, pero, en este caso, con una escala de calificación de cinco categorías: 1 -deficiente- a 5 -excelente-. Los primeros siete ítems que contiene son similares a la encuesta alumnos para así realizar el cruzamiento de datos que permita extraer las conclusiones de la investigación. En el costado derecho de la encuesta se dejó un espacio libre para que los docentes volcasen observaciones destinadas en cada variable.

Por otra parte, se realizó una entrevista a un grupo de diez docentes participantes del proyecto con el objeto de:

- Analizar los beneficios de trabajar los contenidos curriculares, integrando las nuevas tecnologías de la información y de la comunicación frente al trabajo sin utilización de tecnología.
- Evaluar si el uso de una plataforma sobre Internet favorece el trabajo colaborativo.

- Determinar si las nuevas tecnologías de la información y de la comunicación favorecen una enseñanza personalizada.

Evaluación del proyecto

El planteo de la temática del calentamiento global fue ampliamente aceptado por los docentes encuestados.

Tabla 7-1. Tabla de evaluación docente - PROYECTO CALENTAMIENTO GLOBAL

VALORES ESPERADOS	*1= deficiente, 2=promedio/escaso, 3= bueno, 4=Muy bueno, 5= Excelente*

DOCENTE — VARIABLES

COLEGIO	CURSO	MATERIA O ÁREA	Contenidos	Material web	Informe, artículo	Red de ideas	Video o presentación	contenidos de opinión opuesta	Debate	Trabajo con pareja pedagógica	Motivación	Think.com	Herramientas para alumnos	Herramientas de corrección y control	enseñanza de valores	NTIC´s y el fin humanista de la educación.	TOTAL	INTERPRETACIÓN DIRECTA	REDONDEO	INTERPRETACIÓN - SIN CEROS
Santa Rosa- Tucumán	8º	Ciencias Naturales	5	4	4	5	5	4		5	4	5	3		4	5	53	**3,8**	**4**	***4,4***
Corazón de María - Capital Federal	6º	Computación	5	4	4	4	5	5	3		5	4	4	3	3	4	53	**3,8**	**4**	***4,1***
Puertas del Sol - Córdoba	9º	Informática	4	4	4	4	5	4	4	4	4	4	4	4	4	4	57	**4,1**	**4**	***4,1***
Inmaculada Concepción - Capital Federal	7º	Informática	4	4	3	3	4		3	5	2	4	5	4	4	4	49	**3,5**	**3**	***3,8***
El Torreón - Córdoba	9º	Biología	5	5	5	5	4	3	5	5	5	5	5	4	5	5	66	**4,7**	**5**	***4,7***
San José Adoratricies - Entre Ríos	6º y 9º	Tecnología	4	4	4	4	4			5	4	5	4	5	5	5	53	**3,8**	**4**	***4,4***
Los Molinos - Buenos Aires	6º	Ciencias Sociales	4	5	4	5	5	5		5	5	5	3	4	5	5	60	**4,3**	**4**	***4,6***
Hans Christian Andersen - Capital Federal	8º	Computación	5	4	5	5	4	5	5	5	5	5	4	4	5	5	66	**4,7**	**5**	***4,7***
		TOTALES	36	34	33	35	36	26	20	34	34	37	32	28	35	37		32,6		34,8
		INTERPRETACIÓN DIRECTA	**4,5**	**4,3**	**4,1**	**4,4**	**4,5**	**3,3**	**2,5**	**4,3**	**4,3**	**4,6**	**4,0**	**3,5**	**4,4**	**4,6**		**4,1**		
		INTERPRETACIÓN SIN CEROS	***4,5***	***4,3***	***4,1***	***4,4***	***4,5***	***4,3***	***4,0***	***4,9***	***4,3***	***4,6***	***4,0***	***4,0***	***4,4***	***4,6***				***4,3***

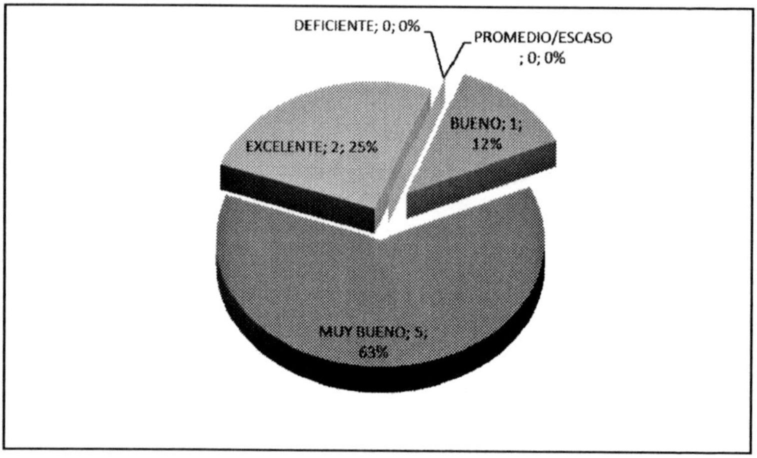

Figura 7-1

En la Figura 7-1, que representa los datos de la Tabla 7-1, podemos apreciar que el 100% de los docentes encuestados calificó entre bueno y excelente el contenido del proyecto, las actividades planteadas y las herramientas informáticas utilizadas para su realización (Ver Anexo).

Algunas de las expresiones vertidas en las encuestas fueron:

"Para los alumnos es un tema de actualidad y de interés general".

"En la mayoría de los casos es la primera vez que se aborda".

"Los alumnos trabajaron muy comprometidos, lo que implica no solo el compromiso adquirido con una actividad o tarea, sino también el deseo de involucrarse con el cuidado del medio ambiente".

Los docentes resaltaron la importancia de utilizar contenidos de actualidad para la formación en valores, tal como lo afirma un docente: "Conocer las causas y consecuencias de los fenómenos que afectan al planeta en que vivimos, les permitirá a los chicos adquirir conciencia de las acciones personales, sociales y globales que afectan la vida en la Tierra, y de la importancia que tienen las derivaciones de dichos actos en su propio futuro".

Los docentes comprobaron en esta instancia del proyecto el potencial, fuerza y aceptación del tema como vehículo válido para inculcar valores.

Como resumen de la entrevista realizada a los docentes de las diversas instituciones educativas que participaron del proyecto, se puede concluir lo siguiente:

Las nuevas tecnologías de la información y de la comunicación presentan varias ventajas como ser:

- Permiten el desarrollo de proyectos con una alta participación del alumnado.
- Alumnos que no se animan a participar en una clase lo hacen a través de los foros y de las salas de *chat*.
- Los foros permiten plantear debates que en clase sería imposible llevar a cabo.
- Los proyectos por desarrollar pueden ser más complejos debido a los recursos a los que se puede recurrir (publicación de apuntes, encuestas, cuestionarios, foros, habilitar salas de *chat*, publicar videos, dejar tareas).
- Se logra una continuidad, una prolongación, del aula en la casa del alumno.

El uso de las nuevas tecnologías de la información y de la comunicación favorece el trabajo colaborativo, porque a través de las herramientas que brinda, permite la participación de grupos. Por ejemplo, en los foros pueden participar grupos de alumnos; en esos grupos, cada alumno puede tener distintas responsabilidades (moderador, redactor del informe final), así efectúan distintos aportes, pudiéndose evaluar el nivel de participación y colaboración de cada uno.

Las nuevas tecnologías de la información y de la comunicación facilitan una enseñanza más personalizada, ya que el docente puede utilizarlas para tener un contacto más directo con cada uno de sus alumnos. Por ejemplo, un docente, actuando como tutor de un Web campus, supervisa a cada alumno, corrige sus errores y puede mantener un diálogo personalizado con él. El tutor, al supervisar la participación, fijar pautas de intercambio, dar normas de publicación de trabajos, ayuda a los alumnos a aplicar y desarrollar ciertos valores como el de la participación responsable, el respeto por las diversas opiniones y la colaboración solidaria con el otro.

En los gráficos que se incluyen a continuación, se representa el análisis de la encuesta realizada a los alumnos, detallada en la Tabla 7-2.

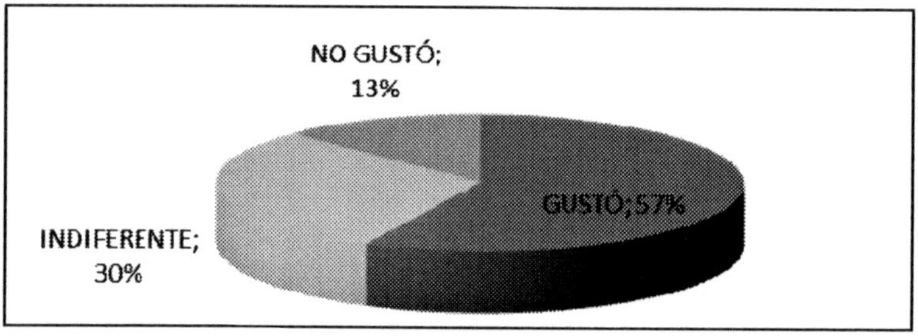

Figura 7-2. Gusto personal

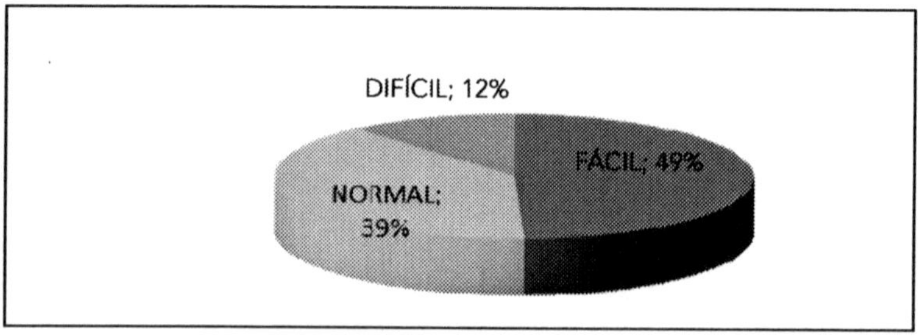

Figura 7-3. Dificultad

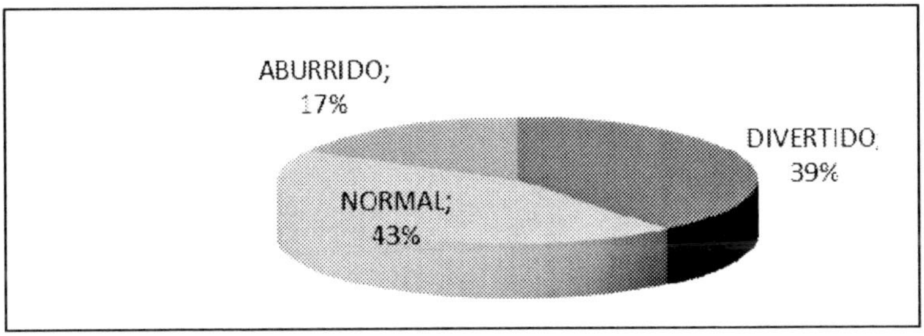

Figura 7-4. Motivación

Tabla 7-2. Tabla resumen de alumnos - PROYECTO CALENTAMIENTO GLOBAL

CANTIDAD DE ENCUESTAS			VARIABLES													TOTALES			
			Tema	Páginas Web recomendadas.	Informe	Artículo periodístico.	Red de ideas.	Video o presentación.	Debate	Publicar en Internet.	Think.com.	Página personal	Proyecto interdisciplinario	Competencia nacional	TOTAL FILA	POSITIVAS	NEUTRAS	NEGATIVAS	PORCENTAJES
159	GUSTO PERSONAL	INTERPRETACIÓN	106	22	27	61	33	110	58	82	81	102	46	109	837				
		GUSTÓ	115	50	69	87	68	119	80	96	96	106	75	115		1076			57%
		INDIFERENTE	34	80	47	45	49	25	57	48	48	48	54	36			571		30%
		NO GUSTÓ	9	28	42	26	35	9	22	14	15	4	29	6				239	13%
	DIFICULTAD	INTERPRETACIÓN	49	86	2	40	23	75	72	91	90	102	21	58	709				
		FÁCIL	57	98	43	68	55	87	85	98	101	107	47	83		929			49%
		NORMAL	94	47	74	60	65	55	60	52	47	47	84	50			735		39%
		DIFICIL	8	12	41	28	32	12	13	7	11	5	26	25				220	12%
	MOTIVACIÓN	INTERPRETACIÓN	19	-9	-13	25	12	88	19	54	56	70	10	89	420				
		DIVERTIDO	38	38	35	62	45	104	51	70	75	83	44	99		744			39%
		NORMAL	102	72	74	59	73	33	76	71	65	63	79	50			817		43%
		ABURRIDO	19	47	48	37	33	16	32	16	19	13	34	10				324	17%

Los resultados permiten elaborar las siguientes conclusiones (ver Anexo).

El del 57% de las respuestas brindadas por los 159 alumnos encuestados fueron positivas cuando se les preguntó acerca de la temática planteada, las actividades, la integración de materias en un proyecto y la posibilidad de competir con otras instituciones educativas. El 30% de las respuestas mostraron indiferencia y un 13% fueron negativas.

Es interesante apreciar que un total de 119 alumnos sobre 159 (75%) encuestados destacaron la creación de un video como la actividad más atractiva. Se observa una correlación de este indicador y el referido a la dificultad en el desarrollo de la actividad y el grado de motivación de los alumnos. Esto lo demuestra la lectura de los valores: 87 alumnos (55%) opinaron que es una actividad fácil, y 104 del total de la muestra (65%) indican que es divertida. Esta Generación Net, como lo explica el prólogo de este libro, busca la inmediatez, mantenerse activos, investigar, probar. Se sienten atraídos por actividades donde puedan trabajar con la expresión visual.

La producción del video fue la actividad que les permitió a los alumnos poner en juego su creatividad. La posibilidad de combinar imágenes, textos, sonidos y movimientos los motivó a expresar sus pensamientos y a trabajar en equipo para lograr la mejor producción. Expresan a través de estas herramientas lo que les interesa, lo que les atrae, lo que quieren comunicar. Se sienten libres para crear.

La página personal les permitió a los alumnos mostrarse tal cual son, exponer y compartir sus ideas, pensamientos con los demás a través de la publicación en Internet. Un 60% de los encuestados manifestó su gusto por publicar su página personal (96 alumnos sobre 159 encuestados).

Estas páginas pueden ser monitoreadas y corregidas a través de las herramientas de corrección y control por los docentes. Nuevamente, coincide lo interesante con lo fácil y motivadora que resultó esta actividad.

Entre las actividades que a los encuestados menos les gustaron, se encuentran la búsqueda de información en páginas Web recomendadas (solo el 31% manifestó el gusto por esta actividad), la realización de un informe (43% de aceptación), y la creación de una red de ideas (43% de votos positivos). Esto permite concluir que las actividades que exigen habilidades operatorias que les resultan complicadas y laboriosas son las que menos les gustan.

Como resultado de este análisis podemos decir que, para fomentar la búsqueda de información, la escritura y la conceptualización, toma mucha importancia promover un mayor uso de las herramientas informáticas en la medida en que estas faciliten los procesos de pensamiento. Por ejemplo, usar procesadores de textos que incluyen herramientas de representación visual es mucho más atractivo que un procesador de textos puro, más allá de que estos permitan también insertar imágenes de galerías externas.

Los alumnos opinaron en forma positiva (72% de los encuestados) a la propuesta de participar en una competencia nacional. Esta generación gusta de los desafíos donde puedan poner en juego sus habilidades para alcanzar metas. Uno de los objetivos del proyecto fue el de canalizar el espíritu competitivo de los alumnos para convertirlo en acciones positivas que promuevan el aprendizaje y el trabajo en forma cooperativa.

Los alumnos encuestados destacaron la responsabilidad, el compromiso y la solidaridad como valores fundamentales para evitar el daño al medio ambiente. La investigación les permitió tomar conciencia de la necesidad de cuidar el planeta y comprender que los valores humanos son la clave para vivir en sociedad. El proyecto los motivó a compartir con la comunidad la problemática planteada y a aprender a utilizar las nuevas tecnologías para lograr que su mensaje sea global.

Si comparamos las respuestas de los docentes y alumnos a las preguntas similares de cada cuestionario, podemos observar que los contenidos propuestos fueron, en general, muy bien recibidos por todos los participantes de las instituciones. A los docentes y alumnos les resultó un tema interesante, entretenido y "cercano", considerando que las temáticas relacionadas con ecología y el medioambiente, y en especial con las teorías sobre el cambio climático y el calentamiento global, no son solo un objetivo de estudio en materias curriculares, sino también temáticas corrientes en las noticias, documentales, e incluso películas conocidas.

En cambio, hay mayor discrepancia cuando comparamos las demás respuestas. Los docentes calificaron entre bueno y excelente las actividades realizadas en el proyecto. Los alumnos mostraron mayor satisfacción a la hora de realizar un video, construir una página personal y publicar en Internet, siendo menor el grado de motivación cuando debieron confeccionar un informe, crear una red ideas o buscar información en páginas Web. El debate y la redacción de un artículo periodístico tuvieron un grado de aceptación intermedio.

Podemos concluir que los alumnos gustan más de las actividades donde hacen un uso más intensivo de la tecnología y menos de las actividades que exigen un mayor trabajo intelectual.

Conclusiones del proyecto de la plataforma Think.com

Se lograron importantes progresos en el aprendizaje de los alumnos toda vez que implementé proyectos de integración curricular con la aplicación de las Nuevas Tecnologías de la Información y la Comunicación. Desde la aparición de la multimedia hasta el advenimiento de Internet, tuve la oportunidad de incorporar estas herramientas en clase, mucho antes que estas tecnologías estuvieran realmente impuestas en la cultura actual.

Combinar diferentes alternativas pedagógicas con nuevos instrumentos escolares fue mi constante preocupación para mejorar la práctica docente y adaptarme a la demanda de los alumnos. Tengo en claro que las motivaciones para aprender y las formas de comunicarse han variado de manera vertiginosa. Gracias a las nuevas tecnologías de la información y de la comunicación, pude encontrar ese punto de contacto y de encuentro que incide favorablemente en la comunicación con el alumno a través de un lenguaje común para compartir los intereses propios que hacen a esta cultura, y desde este espacio, personalizar y educar en valores. Esta comunicación que se percibe como fluida, permite infundir confianza en los alumnos para allanar el camino hacia los valores trascendentes.

Los resultados de la investigación permiten enumerar los siguientes aspectos posibles de mejorar a través del uso de las nuevas tecnologías de la información y de la comunicación en el aula:

- Estimular la comunicación entre el docente y el alumno.
- Promover metodologías activas que favorezcan la interacción docente-alumno.
- Mejorar el seguimiento personalizado del aprendizaje del alumno.
- Optimizar los tiempos para el aprendizaje.
- Incrementar la motivación para aprender.
- Promover el aprendizaje significativo.
- Generar autonomía en el uso de los instrumentos de aprendizaje.
- Favorecer los procesos meta-cognitivos.
- Favorecer procesos de aprendizaje variados.
- Hacer uso de herramientas que faciliten la creatividad.

Otro aspecto por destacar es la importancia de inculcar la enseñanza de valores como contenido transversal al currículum escolar.

En la experiencia relatada, y en los resultados de las encuestas (variables: actividad de interacción y deliberación -debate-; trabajo interdisciplinario con pareja pedagógica; inclusión de contenido de opinión opuesta a través de una película; grado de motivación de los alumnos durante el proyecto; la plataforma Think.com como vehículo en la enseñanza de valores), se comprueba que las nuevas tecnologías de la información y de la comunicación como herramientas de un proyecto curricular colaboran con el fin humanista de la educación, dado el alto porcentaje de respuestas positivas de los alumnos cuando descubrieron la importancia de trabajar en valores.

Como fruto de la investigación, los participantes encuentran más ameno y estimulante utilizar las nuevas tecnologías de la información y de la comunicación en el abordaje de cualquier estudio. Apoyándonos en esta condición, tenemos que aprovecharlas para el desarrollo de las virtudes que son perpetuas, en tanto dignifican y potencian al hombre.

En el caso de la experiencia donde abordamos la problemática que compromete a la vida futura del hombre, el calentamiento global, se puede ver claramente que la tecnología puede actuar como catalizador para la observancia de valores fundamentales en la defensa humana y de la naturaleza.

Los resultados obtenidos en cuanto a la calidad de trabajo en los planos individual y grupal, de las personas involucradas en el proyecto "Calentamiento global", habilitan para afirmar que alcanzamos los objetivos propuestos. El grado de participación y compromiso de los docentes estuvo condicionado por cualidades como la prudencia, la iniciativa y responsabilidad en el trabajo, la generosidad en disponer tiempo adicional para la organización y posterior ejecución de las actividades. Estos aspectos son fundamento de la armonía y la satisfacción en la vida social.

Estas acciones vivenciadas en la experiencia pedagógica, cualidades para el bien obrar, es decir, hábitos de virtud, se proponen como indispensables para llevar a cabo estos proyectos utilizando a las nuevas tecnologías de la información y de la comunicación para trasmitir valores. El binomio tecnología y trabajo interdisciplinario con parejas pedagógicas requiere obviamente un esfuerzo mayor por parte de los docentes y directivos, pero bien vale la pena a la luz de los resultados altamente beneficiosos obtenidos en el trabajo de campo.

Como corolario de lo vertido en este apartado, es oportuno transcribir la excelente síntesis que realizó una Rectora en el cierre lectivo del año 1995, donde la autora de este libro trabajaba como coordinadora del área de informática:

> "Yo tengo muy en claro el fin de un colegio católico es trascendente, y tenía miedo que un sistema se dedicara simplemente a mecanizar a un chico. Viendo trabajar al Sistema Futurekids, llegué a la conclusión de que estaba bastante equivocada. Esto (la computación) no solamente desarrolla

hábitos y habilidades, sino que trasciende esas habilidades a un clima superior. Los chicos descubren cosas y se dan cuenta que son seres inteligentes, que son muy distintos a la máquina. Que si bien la máquina es un instrumento, ellos son capaces de superarla con descubrimientos que ni el maestro les dio, ni está en los sistemas.

Y quedé muy deslumbrada cuando vi la respuesta de los más chicos, los de Jardín. Llegaban a descubrir cosas que los ponían eufóricos, se tomaban de las manitos y gritaban porque habían descubierto algo.

Con casi sesenta años de docencia, nunca había llegado a ver chicos de tres años que se entusiasmaran en hacer investigación, en descubrir algo. Y ahora lo estoy comprobando todos los días.

Cuando estoy cansada por la fatiga de todos los días, bajo a computación a deleitarme un ratito y a ver cómo trabajan los chicos.

Y bueno, quiero decirles que estoy fascinada, que doy gracias a Dios, y pienso que esto no sólo no está en contra de un principio trascendente, sino que colabora con él".

La hermana rectora descubre en los alumnos, acciones referidas al mundo intelectivo y de la trascendencia. Desde su mirada los alumnos ejercen libertad para resolver con criterio un problema. Detectan que pueden superar a la máquina y que ella es solo un medio para alcanzar el fin. La voluntad y el intelecto se conjugan para iniciar la búsqueda y hallar el resultado correcto.

Se asombra de los más pequeños, de la forma de actuar ante un acontecimiento, exteriorizan su alegría y la comparten con los demás tomándose de las manos. Hecho que simboliza la simbiosis que existe con su compañero de trabajo ante un hecho que les provoca alegría.

Cuanto más pequeños, más permeables son a captar el mundo que los rodea y mejor predispuestos están a aprender. La herramienta informática no los asusta ni cohíbe pues son chicos pertenecientes a la cultura Net. Por esto, es recomendable inculcarles valores desde temprana edad, y usar todos los medios a nuestro alcance para cumplir con este propósito.

Para concluir, podemos decir que las culturas en la historia siempre tuvieron algún tipo de tecnología asociada que las ayudaron a desarrollarse, y terminaron por constituirse en un sello distintivo de ellas.

Es desde esta perspectiva que he escrito este libro, y con el fin de mostrar cómo las nuevas tecnologías de la información y de la comunicación, impuestas en el mundo de hoy, colaboran con la educación personalizada y facilitan la educación en valores.

Proyecto: Los animales y su hábitat, utilizando la plataforma WIXIE

Objetivo General

Que los alumnos utilicen la tecnología provista por la plataforma WIXIE para desarrollar contenidos en torno a valores como el cuidado y respeto por la fauna, los animales y su hábitat, y los animales en peligro de extinción. Se promoverá el aprendizaje individualizado y en equipo dentro de un marco de respeto, perseverancia, solidaridad y honestidad. Se fomentará el uso de Internet de manera ética y constructiva.

Un segundo objetivo es trabajar el concepto de "nube informática".

Objetivo específico

Que los alumnos generen páginas de Internet donde profundicen los contenidos del aula. Asimismo, que se familiaricen con las herramientas de Internet para compartir sus trabajos con otros alumnos y docente a través de la plataforma WIXIE, y sean capaces de comunicar sus ideas. Se fomentará la creatividad, la investigación y la argumentación.

Etapa I

Reuniones periódicas con la coordinadora y docentes de 3º A y 3º B para la capacitación y planificación de las actividades.

Metodología

Las docentes del área de Ciencias Naturales junto con la coordinadora de Informática serán las responsables de enunciar los objetivos, desarrollar los contenidos del proyecto y evaluar el trabajo final. Los alumnos utilizarán la plataforma en donde plasmarán los contenidos generados en las horas curriculares de Ciencias Naturales. En ese sentido, realizarán los trabajos en forma individual y en equipo, en el aula y fuera de ella, a través de la plataforma WIXIE. Para ello, los docentes utilizarán metodologías activas y variadas en el proceso de enseñanza aprendizaje, generando un clima de diálogo, espíritu crítico y cooperación.

Universo elegido

- Colegio Inmaculada Concepción.
- Docentes de 3º A y B.
- Docentes de Informática.

En otra etapa del proyecto se propondrá trabajar con otros cursos de nivel primario para ampliar el número de usuarios de esta plataforma WIXIE.

Impacto

Se prevé impactar positivamente con el uso de WIXIE en los hogares y en los docentes por ser un programa innovador correspondiente a la generación de programas de la Web 2.0.

Etapas del proyecto

FASE I:

Beneficios para el colegio participante

- Capacitación de los docentes en las nuevas tecnologías.
- Implementación productiva de las nuevas tecnologías para la formación en torno a valores.
- Integración de las nuevas tecnologías a la currícula, como en este caso "Los animales".

Beneficio para el docente

- Capacitación en el uso de una herramienta nueva.
- Aproximación a una forma diferente de enseñar un tema.
- Seguimiento y evaluación rápida y permanente del alumno en su desempeño tanto en áreas curriculares como informáticas.
- Interactuar con el alumno fuera del ámbito de la escuela.
- Individualizar el desempeño de los alumnos que lo hacen a su propio ritmo.
- Detectar dificultades y fortalezas de los alumnos que a veces pasan inadvertidos por ser aulas numerosas. De esta manera, podremos personalizar la enseñanza.

Beneficio que obtendrá el alumno

- Utilización de una herramienta interactiva que le permitirá desarrollar habilidades propias de una Web 2.0 y de carácter cognitivo.
- Trabajar a su propio ritmo.

- Interactuar con los docentes y sus compañeros, compartiendo sus ideas, y generando actividades en equipo.

Factor motivacional

- Es motivador el uso de Internet, una herramienta de adultos.
- Utilizar un lenguaje que para ellos es moneda corriente.
- Una herramienta comunicacional puesta al alcance de los alumnos, adaptada a su edad y desarrollo cognitivo.
- Una opción más dentro de los programas recreativos que tienen en sus hogares para compartir con la familia.

FASE II: CAPACITACIÓN –Septiembre

Encuentros semanales con las docentes para que adquieran habilidad en el uso de WIXIE. La duración de la implementación será de tres meses.

Planificar las actividades que componen el proyecto de aproximadamente siete clases, titulado "Los animales y su hábitat".

Establecer las herramientas del programa acorde con los objetivos planteados:

- Herramientas del programa para dibujar, escribir, editar y compartir con los demás.
- Importar el trabajo de un estudiante o docente para trabajar de manera colaborativa.
- Asignar una tarea a los estudiantes, utilizando las herramientas para compartir.

FASE III: IMPLEMENTACIÓN –

Las primeras clases trabajaron con la plataforma y su entorno para familiarizarse.

FASE IV: EVALUACIÓN –Diciembre

Los docentes de grado y de informática presentarán una devolución por escrito del proyecto, y de los resultados obtenidos en los chicos.

Los alumnos completarán unas preguntas a modo de encuesta para extraer las conclusiones del proyecto.

Ejemplos realizados por los alumnos

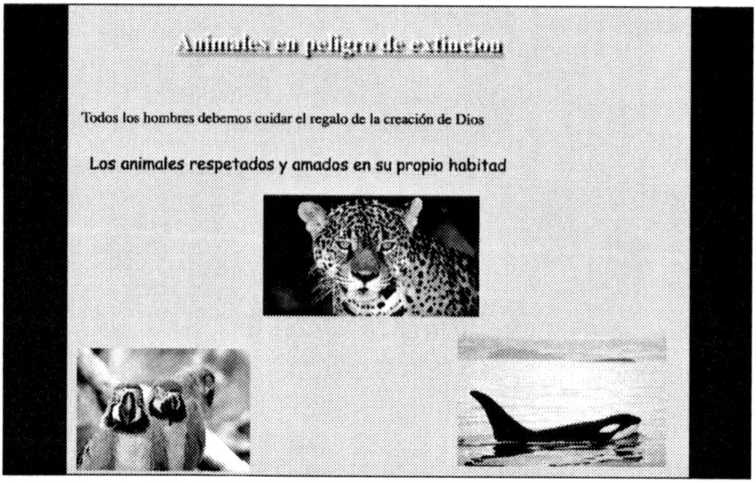

Los alumnos expresaron sus ideas acerca de la extinción de los animales.

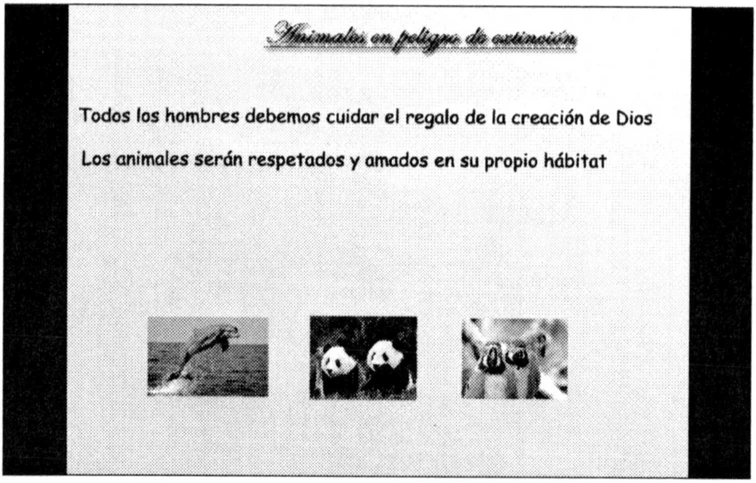

Insertaron fotografías y estamparon animales correspondientes al hábitat, además del texto.

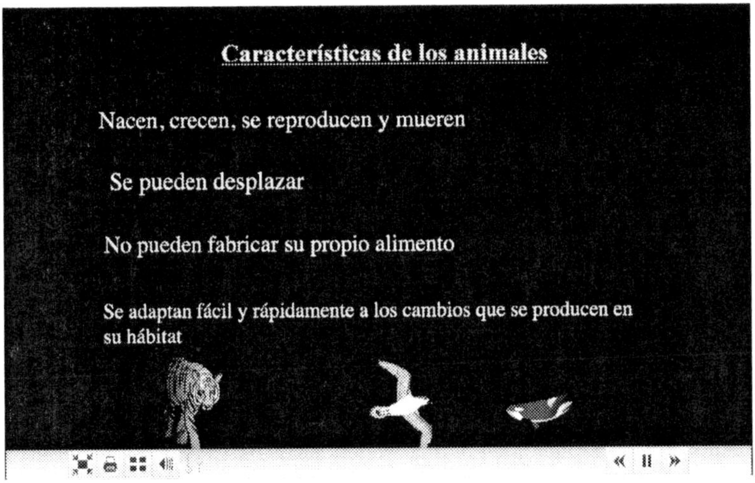

Insertaron texto, música, y algunas imágenes para expresar las características de los animales.

Conclusiones del proyecto con la plataforma WIXIE

Las conclusiones se extrajeron de una muestra de 54 alumnos que respondieron a un cuestionario escrito de 7 preguntas. Las preguntas apuntaban a evaluar:

- La complejidad de la interfaz de la plataforma WIXIE.
- La adecuación del entorno WIXIE a la edad de los alumnos.
- El apoyo brindado por los padres en cuanto a la utilización en los hogares.

- La preferencia de los alumnos sobre las herramientas utilizadas.
- El grado de conocimiento de los alumnos sobre el menú de opciones que ofrece WIXIE.
- El grado de interactividad entre los alumnos a lo largo del proyecto.

Los padres estuvieron muy de acuerdo en que sus hijos utilicen esta plataforma en sus casas. El hecho de mantener lazos estrechos entre institución, docentes y padres, unido al grado de confianza mutuo propició la aceptación y una respuesta afirmativa de los padres en cuanto al uso fuera del hogar.

A los alumnos les resultó sencillo el manejo de las funciones de WIXIE. Las actividades de dibujo y pintura fueron seleccionadas como las preferidas para realizar fuera del horario escolar

En muy pocos casos, tuvieron en cuenta la posibilidad de compartir sus trabajos con sus compañeros a través de la red.

El trabajo de los docentes en una próxima etapa tendrá que volcarse a promover más el trabajo en equipo y hacer énfasis en las herramientas colaborativas con la que cuenta la plataforma.

En cuanto a las docentes de grado y de Informática, contestaron un cuestionario de 8 preguntas sobre:

- La visión de WIXIE como herramienta que colabora con la enseñanza de contenidos escolares.
- Las ventajas y desventajas en el uso de WIXIE.
- El grado de aceptación para continuar con la implementación del proyecto.
- La presencia de WIXIE como una herramienta motivacional.

- La utilización de WIXIE para promover la creatividad en los alumnos.
- El uso de la plataforma como medio para evaluar a los alumnos.
- La tecnología como propuesta para colaborar con la enseñanza personalizada, y que ayuda a individualizar el estilo de aprendizaje de los alumnos.
- La respuesta de los docentes fue altamente favorable en cuanto al uso y perspectiva pedagógica sobre este tipo de tecnología. Están dispuestos a continuar con el proyecto el próximo año escolar.

Beneficios que destacaron los docentes

- Aumenta el potencial creativo de los alumnos.
- Los padres pueden acceder al trabajo de los alumnos muy fácilmente.
- Incrementa la independencia en el trabajo y el manejo de la plataforma.
- Colabora con la enseñanza personalizada.

ANEXO
Proyecto: Calentamiento Global

N. º 1: Encuesta para docentes

CALIFICACIÓN		OBSERVACIONES
Propuesta de contenidos del proyecto (Calentamiento Global)		
Material Web bibliográfico sugerido		
Actividades de redacción (Informe, artículo)		
Actividad de síntesis y resumen: red de ideas		
Actividad utilizando herramientas de multimedia: video o presentación		
Inclusión de contenidos de opinión opuesta. Película: *La Gran estafa del Calentamiento Global*		

Actividad de interacción y deliberación : Debate		
Trabajo interdisciplinario con pareja pedagógica		
Grado de motivación de los alumnos durante el proyecto		
Calidad de la plataforma de trabajo Think.com		
Facilidad en el manejo de las herramientas (para los alumnos)		
Facilidad en el manejo de las herramientas de corrección y control (docentes)		
La plataforma como vehículo en la enseñanza de valores (por favor comentar)		
Las nuevas tecnologías de la información y de la comunicación colaboran con el fin humanista de la educación. (por favor comentar)		
Escala de calificación: 1: Deficiente; 2: Promedio/Escaso; 3: Bueno; 4: Muy bueno; 5: Excelente.		

Colegio: San José Adoratrices.
Materia: Tecnología. 6 año EGB2 y 9 año EGB3

N. ° 2: Tabla de evaluación docente - PROYECTO CALENTAMIENTO GLOBAL

VALORES ESPERADOS	1= *deficiente, 2=promedio/escaso, 3= bueno, 4=Muy bueno, 5= Excelente*

DOCENTE — VARIABLES

COLEGIO	CURSO	MATERIA O ÁREA	Contenidos	Material web	Informe, artículo	Red de ideas	Video o presentación	contenidos de opinión opuesta	Debate	Trabajo con pareja pedagógica	Motivación	Think.com	Herramientas para alumnos	Herramientas de corrección y control	enseñanza de valores	NTIC´s y el fin humanista de la educación.	TOTAL	INTERPRETACIÓN DIRECTA	REDONDEO	INTERPRETACIÓN - SIN CEROS
Santa Rosa- Tucumán	8º	Ciencias Naturales	5	4	4	5	5	4		5	4	5	3		4	5	53	**3,8**	**4**	***4,4***
Corazón de María - Capital Federal	6º	Computación	5	4	4	4	5	5	3		5	4	4	3	3	4	53	**3,8**	**4**	***4,1***
Puertas del Sol - Córdoba	9º	Informática	4	4	4	4	5	4	4	4	4	4	4	4	4	4	57	**4,1**	**4**	***4,1***
Inmaculada Concepción - Capital Federal	7º	Informática	4	4	3	3	4		3	5	2	4	5	4	4	4	49	**3,5**	**3**	***3,8***
El Torreón - Córdoba	9º	Biología	5	5	5	5	4	3	5	5	5	5	5	4	5	5	66	**4,7**	**5**	***4,7***
San José Adoratricies - Entre Ríos	6º y 9º	Tecnología	4	4	4	4	4			5	4	5	4	5	5	5	53	**3,8**	**4**	***4,4***
Los Molinos - Buenos Aires	6º	Ciencias Sociales	4	5	4	5	5	5		5	5	5	3	4	5	5	60	**4,3**	**4**	***4,6***
Hans Christian Andersen - Capital Federal	8º	Computación	5	4	5	5	4	5	5	5	5	5	4	4	5	5	66	**4,7**	**5**	***4,7***
		TOTALES	36	34	33	35	36	26	20	34	34	37	32	28	35	37		32,6		*34,8*
		INTERPRETACIÓN DIRECTA	**4,5**	**4,3**	**4,1**	**4,4**	**4,5**	**3,3**	**2,5**	**4,3**	**4,3**	**4,6**	**4,0**	**3,5**	**4,4**	**4,6**		**4,1**		
		INTERPRETACIÓN SIN CEROS	***4,5***	***4,3***	***4,1***	***4,4***	***4,5***	***4,3***	***4,0***	***4,9***	***4,3***	***4,6***	***4,0***	***4,0***	***4,4***	***4,6***				***4,3***

N. º 3: Gráfico representativo de la Tabla de evaluación docente

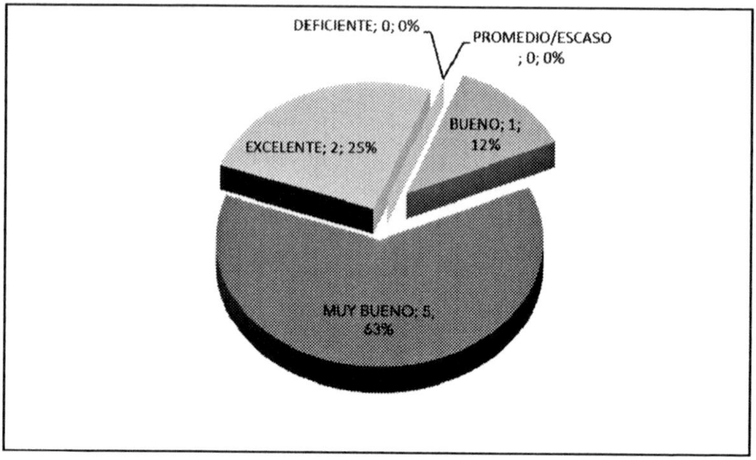

N.º 4: Encuesta para alumnos

Por favor marca con una cruz en cada categoría (Gusto personal, Dificultad, Motivación) para cada tema.	GUSTO PERSONAL				DIFICULTAD				MOTIVACIÓN		
	me gustó	me resultó indiferente	no me gustó		fácil	dificultad normal o moderada	difícil		divertido	normal	aburrido
El tema Calentamient o Global											
Páginas Web recomendadas											
Redactar un Informe sobre el tema											
Escribir un artículo periodístico											
Realizar una red de ideas											
Crear un video o presentación											
Expresar tu opinión personal en un debate											
Publicar las actividades en Internet											

Utilizar la plataforma Think.com											
Tener una página personal dentro de una plataforma escolar											
Trabajar en un proyecto que involucra más de una materia escolar											
Participar en una competencia con alumnos de otras instituciones del país											

¿Qué valores te parecen importantes de comunicar a la sociedad, luego de haber trabajado en este proyecto?

Colegio: Inmaculada Concepción.
Nombre de usuario en la Plataforma: Compub21.cic

N.° 5: Tabla resumen de alumnos - PROYECTO CALENTAMIENTO GLOBAL

CANTIDAD DE ENCUESTAS			VARIABLES: Tema	Páginas Web recomendadas.	Informe	Artículo periodístico.	Red de ideas.	Video o presentación.	Debate	Publicar en Internet.	Think.com.	Página personal	Proyecto interdisciplinario	Competencia nacional	TOTALES: TOTAL FILA	POSITIVAS	NEUTRAS	NEGATIVAS	PORCENTAJES
159	GUSTO PERSONAL	INTERPRETACIÓN	106	22	27	61	33	110	58	82	81	102	46	109	837				
		GUSTÓ	115	50	69	87	68	119	80	96	96	106	75	115		1076			57%
		INDIFERENTE	34	80	47	45	49	25	57	48	48	48	54	36			571		30%
		NO GUSTÓ	9	28	42	26	35	9	22	14	15	4	29	6				239	13%
	DIFICULTAD	INTERPRETACIÓN	49	86	2	40	23	75	72	91	90	102	21	58	709				
		FÁCIL	57	98	43	68	55	87	85	98	101	107	47	83		929			49%
		NORMAL	94	47	74	60	65	55	60	52	47	47	84	50			735		39%
		DIFICIL	8	12	41	28	32	12	13	7	11	5	26	25				220	12%
	MOTIVACIÓN	INTERPRETACIÓN	19	-9	-13	25	12	88	19	54	56	70	10	89	420				
		DIVERTIDO	38	38	35	62	45	104	51	70	75	83	44	99		744			39%
		NORMAL	102	72	74	59	73	33	76	71	65	63	79	50			817		43%
		ABURRIDO	19	47	48	37	33	16	32	16	19	13	34	10				324	17%

N.º 6: Gráficos representativos de la Tabla resumen de alumnos

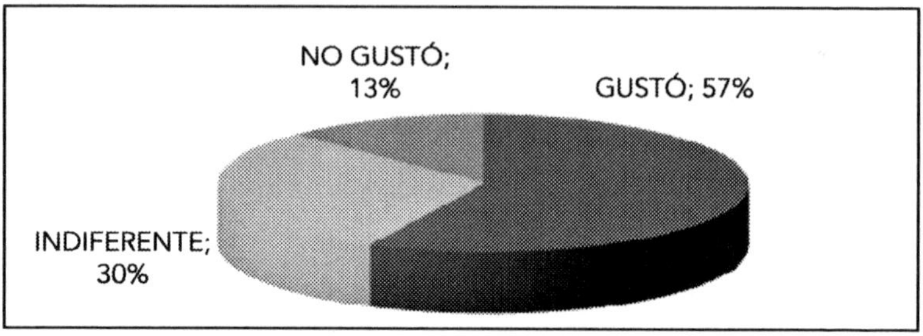

Gusto personal

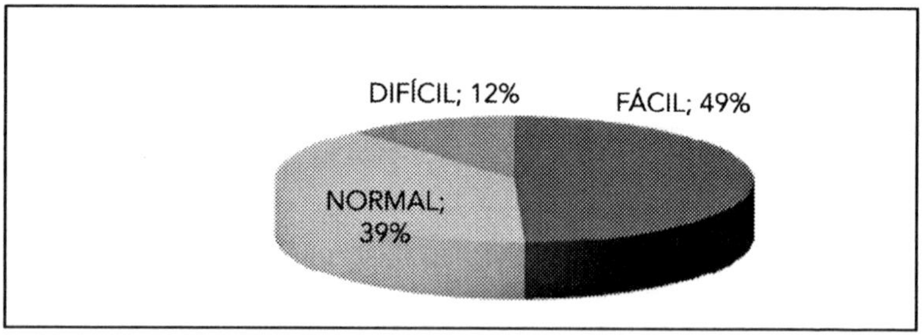

Dificultad

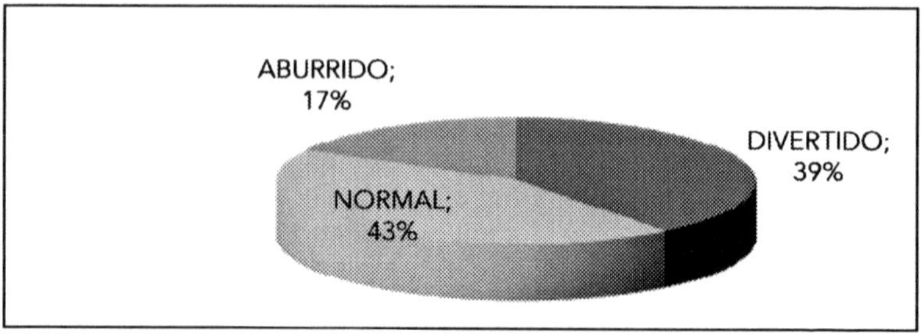

Motivación

N.° 7: Gráfico representativo de la Tabla resumen de alumnos según "Gusto Personal"

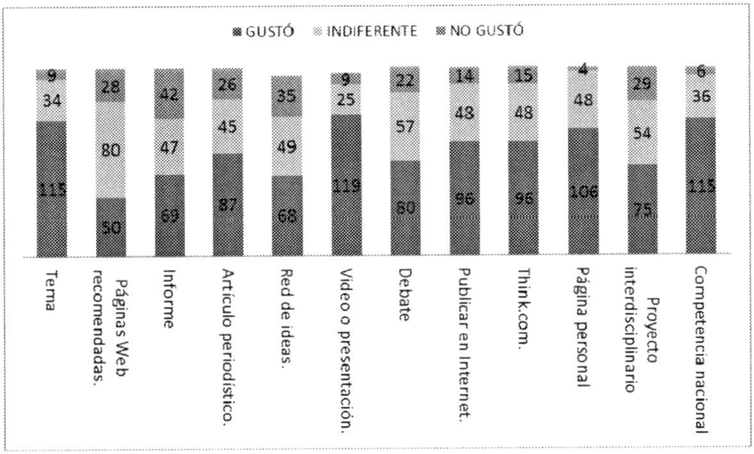

N.° 8: Gráfico representativo de la Tabla resumen de alumnos según "Dificultad"

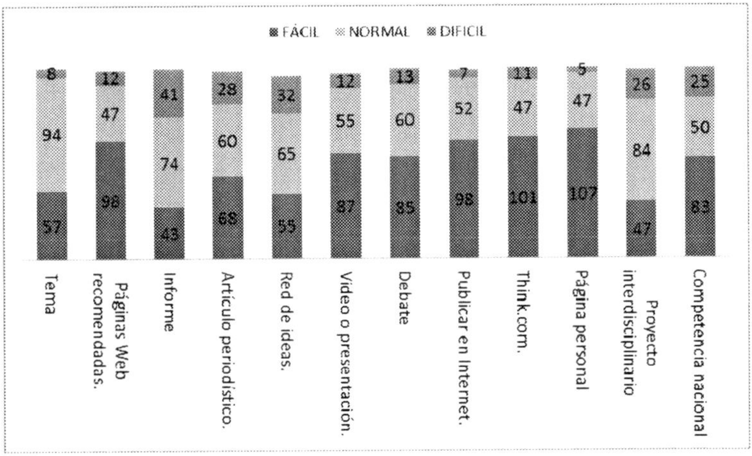

N.° 9: Gráficos representativo de la Tabla resumen de alumnos según la "Motivación"

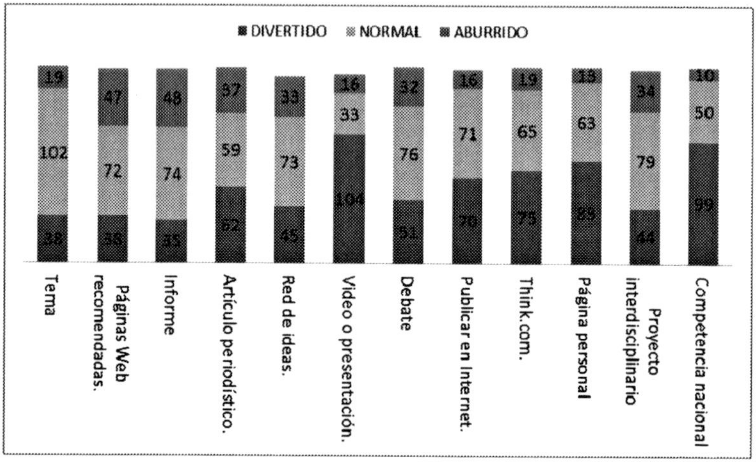

N. º 10: Rúbricas

	EXCELENTE	MUY BUENO	BUENO	REGULAR
Cantidad de Información	Todos los temas tratados y todas las preguntas fueron contestadas en al menos dos oraciones	Todos los temas tratados y la mayor parte de las preguntas fueron contestadas en al menos dos oraciones	Todos los temas tratados y la mayor parte de las preguntas fueron contestadas en una oración	Uno o más temas no están tratados
Redacción	No hay errores de gramática, ortografía o puntuación	Casi no hay errores de gramática, ortografía o puntuación	Unos pocos errores de gramática, ortografía o puntuación	Muchos errores de gramática, ortografía o puntuación

Calidad de Información	La información está claramente relacionada con el tema principal y proporciona varias ideas secundarias y/o ejemplos	La información da respuesta a las preguntas principales y una o dos ideas secundarias y/o ejemplos	La información da respuesta a las preguntas principales, pero no da detalles y/o ejemplos	La información tiene poco o nada que ver con las preguntas planteadas
Organización	La información está muy bien organizada con párrafos bien redactados y con subtítulos	La información está organizada con párrafos bien redactados	La información está organizada, pero los párrafos no están bien redactados	La información proporcionada no parece estar organizada
Fuentes	Todas las fuentes de información y las gráficas están documentadas y en el formato deseado	Todas las fuentes de información y las gráficas están documentadas, pero unas pocas no están en el formato deseado	Todas las fuentes de información y gráficas están documentadas, pero muchas no están en el formato deseado	Algunas fuentes de información y gráficas no están documentadas
Diagramas e Ilustraciones	Los diagramas e ilustraciones son ordenados, precisos y añaden al entendimiento del tema	Los diagramas e ilustraciones son precisos y añaden al entendimiento del tema	Los diagramas e ilustraciones son ordenados y precisos y algunas veces añaden al entendimiento del tema	Los diagramas e ilustraciones no son precisos o no añaden al entendimiento del tema

Organizador Gráfico	El organizador gráfico o esquema está completo y muestra relaciones claras y lógicas entre todos los temas y subtemas	El organizador gráfico o esquema está completo y muestra relaciones claras y lógicas entre la mayoría de los temas y subtemas	El organizador gráfico o esquema fue empezado e incluye algunos temas y subtemas	El organizador gráfico o esquema no ha sido usado
Uso de la Internet	Usa con éxito enlaces sugeridos de Internet para encontrar información, y navega a través de los sitios fácilmente y sin asistencia	Puede usar enlaces sugeridos de Internet para encontrar información, y navega a través de los sitios fácilmente y sin asistencia	Puede usar ocasionalmente enlaces sugeridos de Internet para encontrar información, y navega a través de los sitios fácilmente y sin asistencia	Necesita asistencia o supervisión para usar los enlaces sugeridos de Internet y/o navegar a través de los sitios

Haciendo un folleto. Campaña de concientización sobre el Calentamiento Global

	EXCELENTE	MUY BIEN	BIEN	REGULAR
Gráficos	Los gráficos van bien con el texto y hay una buena combinación de texto y gráficos	Los gráficos van bien con el texto, pero hay muchos que se desvían del contenido	Los gráficos van bien con el título, pero hay muy pocos y el folleto parece tener un "texto pesado" para leer	Los gráficos no van con el texto, pero aparentan haber sido escogidos sin ningún orden

Fuentes	Registros cuidadosos y precisos son mantenidos para documentar el origen de 95-100% de la información, y los gráficos en el folleto	Registros cuidadosos y precisos son mantenidos para documentar el origen de 94-85% de la información, y los gráficos en el folleto	Registros cuidadosos y precisos son mantenidos para documentar el origen de 84-75% de la información, y los gráficos en el folleto.	Las fuentes no son documentadas en forma precisa ni son registradas en mucha de la información o en los gráficos.
Conocimiento Ganado	Todos los estudiantes en el grupo pueden contestar adecuadamente todas las preguntas relacionadas con la información en el folleto, y el proceso técnico usado para crearlo.	Todos los estudiantes en el grupo pueden contestar adecuadamente la mayoría de las preguntas relacionadas con el folleto, y el proceso técnico usado para crearlo	Algunos de los estudiantes en el grupo pueden contestar adecuadamente algunas de las preguntas relacionadas con la información en el folleto, y el proceso técnico usado para crearlo	Varios estudiantes en el grupo parecen tener poco conocimiento sobre la información, y el proceso técnico usado en el folleto
Atractivo y Organización	El folleto tiene un formato excepcionalmen te atractivo y una información bien organizada	El folleto tiene un formato atractivo y una información bien organizada	El folleto tiene la información bien organizada	El formato del folleto y la organización del material son confusos para el lector

Ortografía y Revisión	No quedan errores ortográficos después de que otra persona, además del mecanógrafo, lee y corrige el folleto	No queda más que un error ortográfico después de que otra persona, además del mecanógrafo, lee y corrige el folleto	No quedan más que tres errores ortográficos después de que otra persona, además del mecanógrafo, lee y corrige el folleto	Quedan varios errores de ortografía en el folleto
Contenido-Precisión	Toda la información en el folleto es correcta	99-90% de la información en el folleto es correcta	89-80% de la información en el folleto es correcta	Menos del 80% de la información en el folleto es correcta
Escritura-Vocabulario	Los autores usan correctamente palabras nuevas y definen las palabras no familiares	Los autores usan correctamente algunas palabras nuevas y definen las palabras no familiares	Los autores tratan de usar vocabulario nuevo, pero usan una o dos palabras incorrectamente	Los autores no incorporan vocabulario nuevo

Sitio Web

	EXCELENTE	MUY BIEN	BIEN	REGULAR
Contenido educativo	El sitio en la red tiene un propósito educativo, un tema claro y bien planteado y éste es consistente en todo el sitio. Hay abundante cantidad de información y esta es relevante y original.	El sitio en la red tiene un propósito educativo y un tema claros, pero tiene uno ó dos elementos que no parecen estar relacionados o no parecen tan relevantes en cuanto a lo educativo. Hay una cantidad de información adecuada y esta es relevante aunque algunas partes no son información original.	El propósito y el tema del sitio en la red son de alguna forma confusos o imprecisos o no tiene demasiada relevancia o es escueta o es muy poco original.	El contenido de este sitio no parece tener un interés educativo, está reñido con la moral, tiene contenidos no aptos para un público educativo o la cantidad de información es escasa.

Presentación	El sitio en la red tiene un atractivo excepcional y una presentación útil. Es fácil localizar todos los elementos importantes (menús, links, botones, secciones). El espacio en blanco, los elementos gráficos y/o el centrado son usados con efectividad para organizar el material.	Las páginas están presentadas atractivamente. Todos los elementos importantes (botones, links, secciones, etc.) son fáciles de localizar.	Las páginas tienen una presentación útil, pero pueden parecer estar llenas de información o ser aburridas. La mayoría de los elementos (botones, links, secciones, etc.) son fáciles de localizar.	Las páginas se ven llenas de información o son confusas. Es a menudo difícil localizar elementos importantes.
Ortografía y Gramática	No hay errores de ortografía, puntuación o gramática en el borrador final del sitio Web.	Hay 1-3 errores de ortografía, puntuación o gramática en el borrador final del sitio Web.	Hay 4-5 errores de ortografía, puntuación o gramática en el borrador final del sitio Web.	Hay más de 5 errores de ortografía, puntuación o gramática en el borrador final del sitio Web.

Gráficas	Hay suficientes gráficas (imágenes, animaciones, videos), éstas están relacionadas al tema/propósito del sitio, su tamaño está cuidadosamente seleccionado, son de buena calidad y aumentan el interés o el entendimiento del lector.	La mayoría de las gráficas (imágenes, animaciones, videos, botones) están relacionadas al tema/propósito del sitio, son de buena calidad y aumentan el interés o el entendimiento del lector aunque podría haber mayor cantidad.	Algunas de las gráficas (imágenes, animaciones, videos) están relacionadas al tema/propósito del sitio y son de buena calidad, otras no tanto.	Las gráficas parecen haber sido escogidas al azar, son de baja calidad, están distorsionadas o distraen al lector.
Navegación	Los enlaces para la navegación son suficientes en cantidad, están claramente etiquetados, colocados consistentemente, permiten al lector moverse fácilmente de una página a otras páginas relacionadas (hacia delante y atrás), y llevan al lector donde él o ella esperan ir. El usuario no se pierde.	Los enlaces para la navegación están claramente etiquetados, permiten al lector moverse fácilmente de una página a otras páginas relacionadas (hacia delante y atrás), y los enlaces internos llevan al lector donde él o ella esperan ir. El usuario rara vez se pierde o los enlaces no son suficientes.	Los enlaces de navegación llevan al lector donde él o ella esperan ir, pero algunos enlaces necesarios parecen no estar presentes o no funcionan como es debido. La navegación es algo confusa y el usuario algunas veces se pierde.	Algunos enlaces no llevan al lector a los sitios descritos. El usuario se siente perdido.

Interés	El autor ha hecho un esfuerzo excepcional por hacer el contenido de este sitio interesante para las personas a quiénes está dirigido.	El autor trató de hacer el contenido de este sitio interesante para las personas a quiénes está dirigido.	El autor ha puesto mucha información en el sitio, pero hay muy poca evidencia de que la persona trató de presentar la información en una manera interesante.	El autor ha proporcionado sólo la cantidad mínima de información y no la ha transformado para hacerla más interesante para la audiencia (por ejemplo, sólo ha proporcionado una lista de enlaces al contenido presentado por otros).

BIBLIOGRAFÍA

Amstrong, Thomas (2007): *Las inteligencias múltiples en el aula.* Manantial, Buenos Aires.

Anijovich, Rebeca; Mora, Silvia (2010): *Estrategia de Enseñanza. Otra mirada al quehacer en el aula*, Aique, Buenos Aires.

Antunes, C. (2002): *Las inteligencias múltiples*, Alfaomega, México.

Arancibia, Violeta (1997): *Manual de psicología educacional*, Ediciones Universidad Católica de Chile, Chile.

Archideo, Lila Blanca (1996): *Visión católica de la educación hoy*, CIAFIC Ediciones.

Barcia, Pedro Luis, et al. (2008): *No seamos ingenuos. Manual para la lectura inteligente de los medios*, Editorial Santillana-Aula XXI Buenos Aires.

Barroso, J. y Llorente, M. C. (2007): *La alfabetización tecnológica,* en Cabrero J.: Tecnología Educativa, Mc Graw Hill, Madrid.

Botkin, James W.; El Manjra, Mahdi; Malitza, Milcea: *Aprender Horizontes sin límites,* Ediciones Santillana, Colección Aula XXI, Madrid.

Bucking, David (2008): *Más allá de la tecnología,* Manantial, Buenos Aires.

Cabrero Almenara, Julio (2006): *Nuevas Tecnologías Aplicadas a la Educación,* McGraw-Hill, Madrid.

Calero Pérez, Mavilo (2009): *Aprendizaje sin límites, Constructivismo,* Alfaomega, México.

Cameron, Julia (2011): *El camino del artista,* Troquel, Buenos Aires.

Caponeto, Antonio (1981): *Pedagogía y educación,* Cruz y Fierro Editores, Argentina.

Castaño, Carlos, et al. (2008): *Prácticas educativas en entornos Web 2.0,* Editorial Síntesis, Madrid.

Csikszentmihalyi, Mihaly. (1997). Desarrollando tu creatividad. Revista The futurist, Septiembre-Octubre, pp 8-12.Fuente: Psicoresumenes

Dede, Chris (2000): *Aprendiendo con tecnología,* Paidós, Buenos Aires.

Ferreiro, Pablo y Alcázar, Manuel (2002): *Gobierno de personas en la empresa,* Editorial Editora Argentina, Argentina.

Frankl, Víctor (1979): *El hombre en busca de sentido,* Editorial Herder, Barcelona.

García Hoz, Víctor (1981a): *Educación personalizada,* Ediciones Rialp, Madrid.

García Hoz, Víctor, (1981b): *Principios de pedagogía sistemática,* Ediciones Rialp, Madrid.

García Requena, Filomena (1997): *Organización escolar y gestión de centros educativos,* Ediciones Aljibe, Málaga.

Hernández Forte, Virgilio (2005): *Mapas conceptuales,* Alfaomega, México.

Hernandez, P; García, L. A. (1991): *Psicología y Enseñanza del Estudio. Teoría y Técnicas para potenciar las habilidades Intelectuales,* Editorial Pirámides, Madrid.

Salaberry, Hugo, et al. (2001): *Educar es difícil, posible y bello,* Bonum, Buenos Aires.

Lamas, Félix Adolfo (1985): *Ensayo sobre El Orden Social,* Instituto de Estudios Filosóficos "Santo Tomás de Aquino", Argentina.

López Escalona, Sara (1991): *Antropología y educación*, Ediciones Paulinas, Chile.

Lundin, Stephen C., Paul, Harry y Christensen John (2001): *Fish!. La eficacia de un equipo radica en su capacidad de motivación*, Ediciones Urano, Barcelona.

Manguel, Alberto (2000): *Leyendo Imágenes*, Grupo Editorial Norma, Bogotá.

Martin, Roger (2008): *Ideas opuestas soluciones creativas*, Grupo Editorial Norma, Bogotá.

Martinez Aldanoldo, Javier (2007) *¿Quién quiere ser profesor? II Parte.* Disponible en: http://www.elobservatodo.cl/admin/render/noticia/8972. Con sultado el 5 de noviembre del 2009.

Morcuchowicz, Roxana (2008): *La generación multimedia*, Paidós, Buenos Aires.

Nachmanovitch, Stephen (2011): *Free Play. La improvisación en la vida y en el arte*, Paidós, Buenos Aires.

Nassif, Ricardo (1972): *Pedagogía general*, Kapeluz, Argentina.

Nosengo, Guesualdo (1978): *Persona humana y educación*, Publicaciones del Instituto de Promoción Social de Argentina, Buenos Aires.

Oltra Climent, Vicente (1995): *Instalarse en el cambio. Competitividad y ética*, Ediciones Ciencias de la Dirección, Madrid.

Pérez López, Juan Antonio (1993): *Fundamentos de la dirección de empresas*, Ediciones Rialp, Madrid.

Pérez Tornero, José Manuel (2000): *Comunicación y educación en la sociedad de la información*. Paidós Ibérica, España.

Ruiz Sánchez, Francisco (1981): *Fundamentos y fines de la educación*, Fundación Arché, Buenos Aires.

Senge, Peter M. (1998): *La quinta disciplina*, Ediciones Juan Granica, Buenos Aires.

Sevillano García, María Luisa (coord.) (2003): *Nuevas Tecnologías aplicadas a la Educación*, Universidad Nacional de Educación a Distancia, Madrid.

Silberman, Men (1998): *Aprendizaje activo*, Troquel, Argentina.

Smith E., Grace y Stephanie Throne (2007): *Differentiating Instruction with Technology in K-5 Classrooms*, ISTE, Estados Unidos.

Stone Wiske, Marta, et al. (2006): *Enseñar para la comprensión con Nuevas Tecnologías*, Paidós, Buenos Aires.

Tapscot, Don (1998): *Creciendo en un entorno digital*, Editorial McGraw-Hill, Bogotá.

Weigel, George (1999): *Biografía de Juan Pablo II. Testigo de esperanza*, Plaza & Janes, España

Yepes Stork, Ricardo y Aranguren, Javier (2003): *Fundamentos de Antropología. Un ideal de la excelencia humana*, EUNSA, Pamplona.

Esta edición se terminó de imprimir en **abril** *de* **2013.** *Publicada por*
ALFAOMEGA GRUPO EDITOR, S.A. de C.V. *Pitagoras No. 1139*
Col. Del Valle, Benito Juárez, C.P. 03311, México, D.F.
La impresión y encuadernación se realizó en
CARGRAPHICS, S.A. de C.V. *Calle Aztecas No.27*
Col. Santa Cruz Acatlán, Naucalpan, Estado de México, C.P. 53150. México